CONTENTS

イラスト・表紙題字 伊東 佳子

提言

よりよい成人期のために、ビジョンを持った療育を

～将来像を見据えたライフステージごとの療育課題～

五乃神学園園長　芝崎　悦子

「継続は力なり」

「小さいころからの療育の積み重ねこそが、安定した青年期の礎となる」これは「発プロ143号　思春期・青年期特集　コロロ卒業生保護者アンケート」にご協力くださった親御さんから寄せられた言葉です。この言葉からは、よりよい成人期を迎えるためには、親が早期から「生涯ビジョン」を持ち、決してぶれずに療育の道を歩むことがいかに大切なことであるか、自ら実践されたからこその重みが伝わってきます。

瑞学園・五乃神学園では、思春期、青年期に問題行動が激しくなり、短期入所を利用して状態改善を図りたいとの深刻なご相談が後を絶ちません。他害や器物破損、昼夜逆転からひきこもりに、こだわりの強化による生活破綻…ご家族は、みな疲弊されています。このような問題行動は、なぜ起きてしまうのでしょうか。

問題行動の出現メカニズムは、すべてのライフステージに共通するものです。自傷や他害等の問題行動は、意識レベルが低下した時（予兆）に、何らか直前刺激が入力されることにより引き起こされます。幼児期に、原始反射の残存による異常反射を抑制し、身体コントロール力を育てていかないと、この異常反射の残存が、自傷・他害等の問題行動を増大させてしまいます。また、思春期・青年期では、家族も世間も、年齢という尺度で大人扱いをしがちですが、これもマイペース行動を助長させる要因のひとつと考えられます。

先のアンケートでは、学校卒業後は、作業所等と家庭を往復する毎日で、作業内容も変化が少ないため生活が単調になり、一日を通して意識レベルが下がりやすくなり、常同行動や異常反射が増加、マイペースも強化され、問題行動が増えた、という報告も多くありました。学校時代は、いろいろな授業や行事があり、たくさんの先生方の目もあります。社会参加に向けて、挨拶、人の話を聞く、集団行動などのスキルを教えるための関わりも多く、ある程度ユアペース状態が保たれています。しかし、卒業後は、進路にもよりますが、多く

の場合、大人としての扱いを受けることがかえって「本人のやりたいように＝マイペース」を助長し、問題行動につながってしまうようです。

療育に卒業はありません。生涯を通して、療育的視点に立つ支援が必要です。

①生活リズムは整っているか

規則正しい生活と栄養バランスのとれた食事は、健やかで安定した生活の基本となります。健康を維持し、活動的な生活を送るには、生活リズムの安定がなにより重要です。特に睡眠は、生活リズムの基本です。しかし、睡眠障害をもつ自閉症児者は多く、睡眠の質は、日中の状態に大きく影響します。日中（特に午前中）意識レベル高く活動に取り組み、より高い「覚醒」状態を維持することが、よい睡眠につながります。

②意識レベルは、上位に保たれているか

大脳新皮質（前頭前野）が、正常に情報処理を行い、身体各部に指令が出されることにより、適応行動が可能となります。しかし、自閉症児者は、この部位を連続的に働かせることが難しく、意識レベルの落ち込みが頻繁に起こります。その結果、常同行動や異常反射が出現し、問題行動につながります。また、持続力が弱く、生活動作にしても、作業・学習においても一つの課題が長続きしません。幼児期、多動だったお子さんが、小学校半ばで座れるようになったけれど、常同行動が増えたり、物事への過多反応（周辺の雑多な刺激に目まぐるしく反応し、物事に集中できない）を起こしたり、という状態になることがあります。これは、多動のエネルギーが、身体各部に移行しただけで、多動がおさまったわけではありません。

意識レベルを高く保持するには、目的意識を持続させる「見て分かりやすい」視覚的支援が効果的です。また、行動の持続力を育成するには、大脳新皮質からの指令により身体をコントロールし、「一定のペースで歩き続ける」「姿勢保持（正座・起立など）」等、行動や姿勢の持続トレーニングが重要です。特に歩行は、すべてのライフステージにおいて、療育の基本となる優先課題になります。

また、高学年になると、「自分でできる」ことが目標となり、「途切れながらも一人でする」ことをよしとする傾向があります。しかし、脳の発達を促すためには、途切れる前に介助し、「途切れず作業を終える」よいパターンを形成することの方が結果的には、自立行動につながります。

③ユアペースが獲得されているか

人は、人と共に生きていきます。相手や集団、場に応じて行動する力（ユアペース力）の獲得が重要です。大規模災害が起き、避難所生活を余儀なくされた場合、お子さんは数週間・数か月、家族身を寄せ合って生活することは可能でしょうか。病気や怪

我の時、治療を受けたり、身辺処理や食事場面で介助を受けたりできるでしょうか。自分のペース（マイペース）でしか行動できないと、人からの接触や支援を受け入れるという「受け身行動」が取れず、本人が辛い思いをすることにもなりかねません。「いつでも・どこでも・だれとでも」適応行動がとれるように、常にユアペースが獲得されているか、後退してはいないか、厳しい目で評価することが必要です。

各ステージにおける療育課題

ここからは、各ステージにおいて優先的に取り組んでいただきたい療育課題（7ページ図参照）についてご説明いたします。重要なのは、これらの課題は、前提となる5つの基本課題の上に成り立つものであるということです。

いずれの課題も、ステージごとに区切られるものではなく、長期的視点に立ち、取り組むことが重要です。表をご参照いただきながら課題を選定し、次のステージにおいてどのように発展させていくべきかを想定しながら取り組んでいただきたいと思います。

【幼児期】

幼児期は、脳と身体の発達を促すとともに、集団適応の基礎をつくる大事な時期です。集団参加は、「母子関係が確立してから」という考え方が根強くありますが、何をするのか見て分かりやすい集団があれば、集団感応を活用し、タイミングよく介助することで、集団参加は可能になります。

歩行は、異常反射を抑制し、自立歩行を促すとともに、体幹を安定させますから、歩行後に集会や学習を行うことは着席注視、学習体勢の持続にもよい成果をうみます。相手や集団のペースに合わせて歩くことにより、ユアペース獲得のトレーニングとしても有効です。また、食行動（偏食指導・舌の異常反射を抑制し咀嚼嚥下を確立）の改善を先送りされたまま成人期を迎えると、肥満や成人病などの健康問題に直結する可能性もありますから、早期対応がとても重要です。

【学童期】

学童期は、四肢・手指等の身体機能の分化と協応を促進し、身辺処理、道具の使い方、運動等の発達を促しましょう。学校では、自主性・自発性が重視されがちですが、自発的行動を教える前提として、集団ルール（順番・人の話を聞く等）や家庭内のルール（役割行動）を学ぶことを通して、ユアペース力を高めることが重要です。思春期前の安定したこの時期にこそ、こだわり崩しも積極的に取り組み、変化への適応力を身に着けましょう。また、学童期は、概念学習の適期でもあります。様々な言葉のパターンを増やし、概念化を進めていきましょう。学校や事業所では、本人の意思を問われる場面が多くありますが、自分の感覚や感情を正確に言語化できるか、正しく意思の表現ができるのかを、学習を通して確認しておくことが必要です。

【思春期】

思春期は、成長ホルモンの分泌が盛んになり、身体も目覚ましく成長しますが、二次性徴により、ホルモンバランスが崩れやすく、情緒的に不安定になりやすいとも言われる時期でもあります。ですから、この思春期をいかに乗り切るかに、青年期以降の安定した生活がかかっているとも言えます。家庭をはじめ学校・事業所でも、ユアペース行動がとれるようになっていれば、状態が崩れても、早期であれば、歩行等のトレーニングにより、立て直すことが可能です。しかし、大人扱いをし、マイペース行動を自発性として見誤ると、異常反射やこだわりが増え、ちょっとした指示にも反発が強くなり、問題行動が悪化する事態にもなりかねません。日々小さなこだわり崩しを励行し、不快に対する耐性力を高め、衝動性のコントロール力をつけていきましょう。

また、就職や社会参加に向けて、集団のルールを守ること、人と協調することを学ぶ機会も必要です。家庭内でも、敬語の使い方や挨拶の仕方が適切か、生活のルールを守り、自分の役割をきちんとと果たすことができているかを確認しておきましょう。

【青年期】

学校を卒業し、職場や事業所に通い始めると、当初は、環境の変化による緊張感から、意識レベルも上がり、職場でも家庭でも比較的安定する時期もあります。しかし、数か月、数年と、同じような生活が繰り返されると意識レベルが下がりがちになります。異常反射や常同行動が増えたり、行動が超速傾向になったり、所作が荒くなったりと、問題行動の兆候が見られるようになった場合は要注意です。さらにエスカレートすると、職場で暴力を振るったり、家庭でも他害が激しくなったり、精神病院に保護入院に至ったという現実もあります。

安定状態を維持するためには、意図的に生活に変化を取り入れ、歩行や学習などの基礎トレーニングを継続することが必要です。しかしこの時期は、ご家族にもいろいろな変化(兄弟の受験・結婚・祖父母の介護等)が訪れたり、親御さんの年齢的な体力気力の低下があったりと、思うように家庭療育に取り組めなくなる時でもあります。それを想定し、学校時代から、スポーツやクラブ活動、移動支援等を利用した外出など、本人も楽しみ、また、家族も安心して託せる活動の場を開拓しておく必要があります。

いずれ、親、家族から離れて生活する日が訪れた時、素直にいろいろな人からの支援を受け、新たな環境に適応できるよう、「ユアペース」を維持していきましょう。

【壮年期～老年期】

この時期は、健康の維持と脳の老化予防が、重要な課題となります。てんかん薬や、向精神薬等を長期に服用している場合は、副作用が出ることもありますから、定期的な血液検査や健康診断が欠かせません。また、偏食による栄養バランスの悪さが、免疫力の低下を招いたり、生活習慣病の原因になったりする場合もあります。幼児期からの食事指導のよし悪しが健康維持に大きくかかわることになるのです。また、脳の老化が進むと、意識レベルが下がりやすくなり、常同行動や、異常反射が増えたり、身体のコントロールの不調が起きたりしやすくなります。瑞学園では、40～50代の利用者さんの中に、既にこの兆候が見られる方もいらっしゃるようです。また、単調な生活も脳の老化の原因となりますから、日中活動の内容にも変化を取り入れていきたいものです。体力低下に応じて、運動量の調整は必要ですが、日々、一定量の歩行と、目的的な時間の設定は、生涯を通して必要な療育課題と言えるでしょう。

おわりに

「成人過ぎて、療育の先もまた療育ですか…福祉には、ほかにすべきことがあるでしょう」五乃神学園を見学なさった専門家からこのようなご意見を頂きました。利用者さんが、ダイナミックリズムの集会で整然と着席し、リーダーを注視する姿は、その方の目には、どのように映ったのでしょうか。

現在の障害福祉分野では、成人期の「療育」に否定的な意見をお持ちの方が多いように感じます。しかし、成人期以降に安定した生活を継続するには、家庭と職場や事業所との状態の差をなくすよう行動の見方を共有し、統一的なアプローチができる関係性を構築することが必要です。関係構築のコーディネートは、療育の主体者として、継続的に療育に取り組んでいらした親御さんにしかできません。「親は療育の主体者」というコロロの理念は、親なきあとを見据えた療育プログラムをも包括するものとお考え頂きたいと思います。

療育に、卒業はありません。「継続は力なり」この言葉のとおり、親御さんがお子さんと共に療育の路を歩み続けていけるよう、そして、「療育の先も療育」こそが、自閉症者の穏やかな人生を支えるという事実を世に広く伝えていけるよう、私たちも歩を進めて参ります。

基本課題

生涯を通して取り組む基本課題

睡眠と覚醒 （生活リズムの安定）	行動リズムの調整	意識レベル （異常反射の抑制）	自己コントロール （こだわり・欲求・衝動性・感情）	ユアペース （受け身行動）

療育課題例（早期にその基礎を形成し、各ステージにおいて発達を促していく）

療育課題＼年齢	幼児期	学童期	〜思春期〜 青年期 〜壮年期〜	老年期
自立歩行の確立	異常反射の抑制 手つなぎ歩行	一定の歩調・正しい歩行フォーム 行進　歩行速度の調整 登山　走行との分化	一人で歩く 人と並んで歩く・人の手を引く 自主登校・通勤・登山	
集団行動	集団歩行 集団注視 集団待機	集団歩行・授業中の着席 集団活動 一斉指示に応じられる	クラブ活動・修学旅行 ルール・礼儀・マナー	就労・作業・団体旅行 法要・結婚式などへの参列
機能分化 協応動作	動作模倣 手指作業 （上肢と下肢・目と手 左と右　手と口）	模写・書字 道具の使い方 （文房具・清掃・調理）	作業技能の習得 職業訓練	趣味・仕事の技術向上
食行動	舌の反射抑制・咀嚼 嚥下のリズム 人の手から食べる 偏食改善	偏食改善 口を閉じて咀嚼する 食具の使い方 メニューに合わせた食べ方速度・マナー・外食	健康的なバランスの取れた食事 外食・食事マナー （周囲を不快にさせない食べ方）	
基本的生活習慣 （生活動作）	受け身行動がとれる （排泄・歯磨き 散髪・着脱・入浴）	身辺処理スキルの向上 （排泄・歯磨き・散髪・着脱・入浴） 生理の手当て (女子)	清潔の維持　周囲を不快にさせない 咳エチケット トイレの清潔な使用 TPO に応じた服装　おしゃれ	
学習体制形成	学習体勢形成 （5 分〜 30 分以上）	1 時間以上の学習 自習・板書	終了の報告 計画的な学習　頭を使う考える学習 市販のトリル等の活用	生涯学習の視点で課題を設定・老化予防
健　康	歯科・病院に慣れる 絆創膏や塗薬 治療に慣れる	身体検査・注射 採血・怪我治療 服薬・歯科治療 レントゲン	採血・健康診断 様々な検査	
運　動	異常反射を抑制し静止 姿勢を保持 動作模倣	左右府対象の動作模倣 走行・縄跳び ボール運動 ダンス・水泳など	全力疾走　様々なスポーツ スポーツルールを学ぶ	
生活技能	配膳・下膳・物を運ぶ などの 簡単なお手伝い	掃除・洗濯・裁縫 調理・買い物 お母さんの補助をする	丁寧さ 行動速度のコントロール	
生活・社会のルール	先走り行動の抑制 静かに待つ 指示を聞いて行動する	授業中、作業中の着席持続・順番を待つ・休み時間の過ごし方・グループ活動 他人の嫌がることは言わない・仕事の報告・公共交通機関の利用 お喋りのコントロール・会話（一方的に話さない）・法事や式典への参加・団体旅行		

成人期の相談事例

所属先事業所からの紹介は皆無 制約相談支援事業所からの紹介も僅少

⇩

コロロ学舎 短期入所の経緯

五乃神学園短期入所係　柴田隆行・長谷川正裕・金子真奈美

成人期の問題行動の傾向を探るため、この二年間の短期入所利用申請書を見返し、理由や当該利用者の問題行動を調査してみました。初回申請時18歳以上の利用者（コロロの通所生は除く）を抽出し、申請理由を①問題行動の改善②経験③仕事・用事④家族の通院の四つに分類すると図1のようになりました。

図1　申請理由

問題行動の改善 59%
経験 32%
仕事・用事 6%
通院3%
こだわり 36%
他害 23%

整理すると、

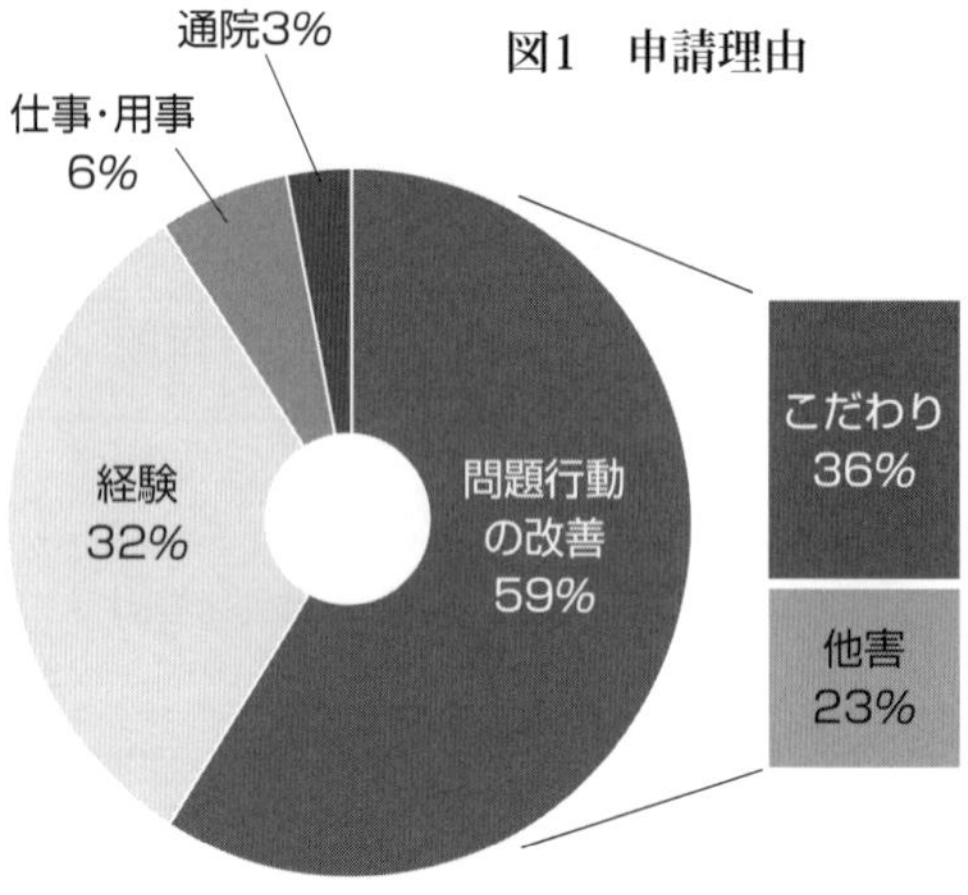

1．問題行動の改善の内訳は「こだわり」と「他害」がほとんどでした。

2．32％を占める「経験」の意味は、緊急時短期入所利用先を確保するため、本人に慣れてもらうという将来を見据えての利用が主な理由でした。

3．利用者の所属先を見てみると5割が生活介護、3割が就労B型の作業所です。残りの2割は在宅や短期入所先を転々としている状況でした。

4．通所状況について調べると毎日問題なく通えている方は2割で、それ以外の8割は通所していても問題あり、もしくは通所できていない状況でした。

5．通所先で問題となっている行動は「こだわり」「他害」「物損」が主でした。個別の事例を見ると「通所先で大きな声を出す」「大泣きをしてしまう」「待機できずすぐ散歩に行きたがる」「特定の利用者への固着」「通所先で寝てしまう」「職員、他の利用者への噛みつき」「園の陶器を壊してしまう」またあまりのこだわりから通所先で放置（支援放棄）されている方もいました。

相談事例では通所先に通う途中に問題行動を起こしている方もいました。「道すがらこだわりのごみ集めをしてしまう」「こだわり物めがけて突進し赤信号を無視してしまう」「通園途中に失禁してしまう」「通りかかった女子高校生のスカートが気になってしまいのぞきに行く」どの事例も一人で通っている場合がほとんどでした。

6．家庭での状況を調べると家庭内

でも「こだわり」「他害」「物損」が主な問題行動でした。また少数ながらパニックの頻発、昼夜逆転を起こしている方が複数いました。また、家庭内での問題の方がより深刻化している傾向があり、短期入所申請理由のほとんどは家庭内での生活の立て直しを訴えるものが多い傾向でした。

次に、各利用者に見られる様々な

図２　利用者に見られる問題行動　※複数回答可

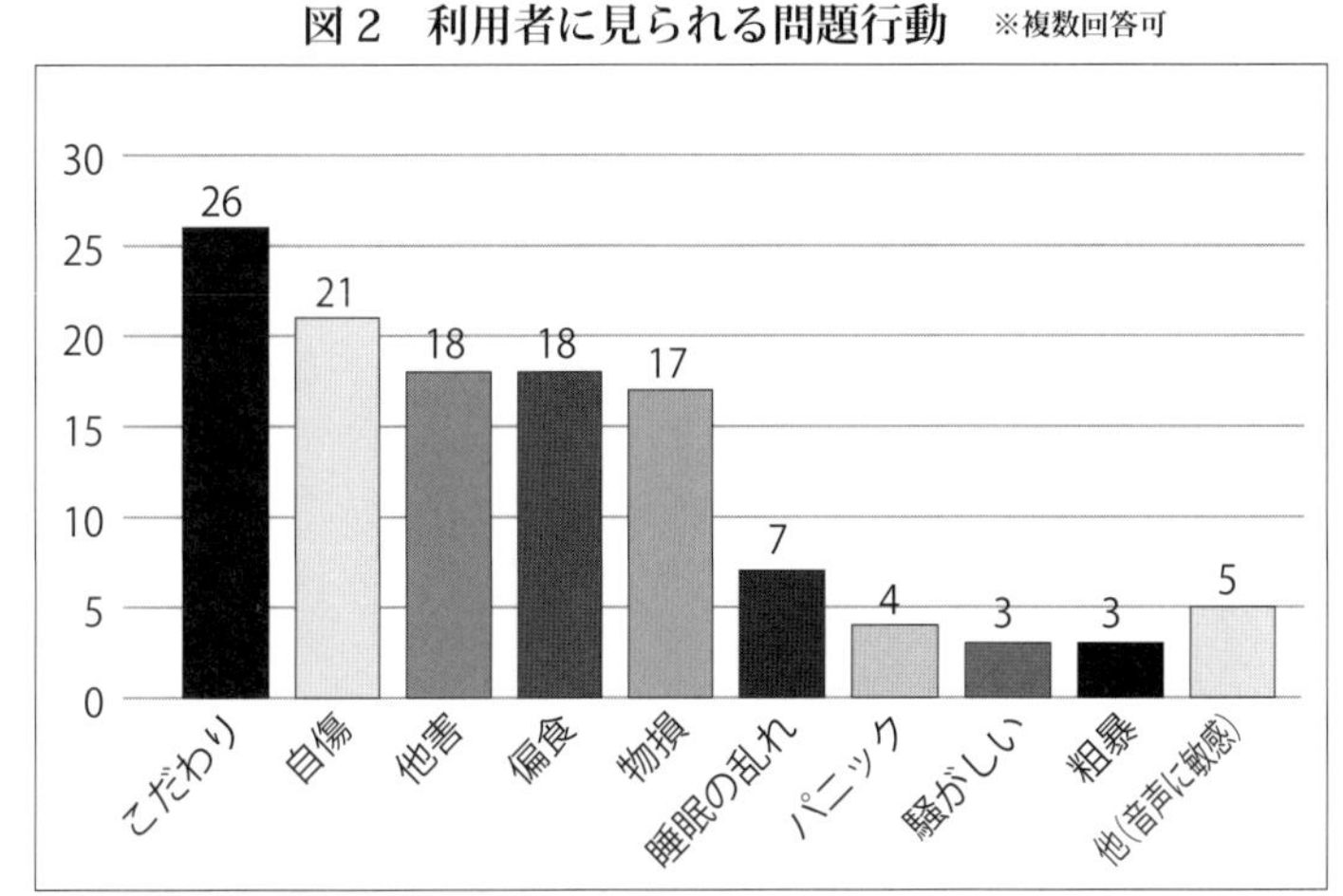

問題行動を複数回答可としてグラフ化したものが図2です。

このグラフを見ると「こだわり」を筆頭に「自傷」「他害」「偏食」「物損」が多くの利用者に見られた行動特徴でした。睡眠の乱れも全員ではないもののある一定の利用者に見られました。また、睡眠リズムが乱れているとより問題行動が深刻化している事例が多いことが分かりました。

一方排泄関係（頻尿・失禁）やパニック等は今回の調査では少数でした。偏食については多くの利用者に見られましたが、著しい偏食はほとんど見られず、短期入所生活中に職員の促しや介助でほぼ食べることができています。

最後にコロロ学舎の短期入所を知った経緯も調べてみました（図3）。ほとんどが知人からの紹介で、所属先の事業所からの紹介は皆無でした。また契約している相談支援事業所からの紹介も少なかったです。

成人期の問題行動の傾向について

図３　コロロ学舎の短期入所をどこで知りましたか　※複数回答可

主治医6%
行政3%
インターネット30%
知人の紹介46%
相談支援9%
コロロOB 30%

まとめますと、「こだわり」「他害」が問題になっている事例が半数を占めています。通所先で「問題行動あり」が8割ですが、家庭での状況の方が深刻な傾向にあります。コロロ学舎の短期入所はコロロのOBか知人からの紹介が8割弱でした。

さて今回調査にあたり多くの事例を検証しましたが、驚いたことがあります。それは家庭内での問題行動に対して今現在通っている事業所からの有効な助言・対策・対応がほぼないという現実です。

コロロ活用法

成人期の問題行動で家庭・事業所での生活が困難になった事例の中でコロロ学舎の短期入所を利用しアドバイスを実践し家庭生活を改善できた例（発プロ143号・岡谷／発プロ147号・松井）は多くあります。しかし、家庭での取り組みだけでは難しい事例もあるのが事実です。日中の時間の多くを過ごす生活介護・就労支援事業所内での行動改善への取り組みが切に望まれます。かつてある短期入所利用者の通所先の担当者と話したときのことです。家庭で両親への他害がひどい状況でしたが、その担当者は「日中活動は（完全個室対応・人との接触がない状況で）問題ない。家での他害は家での問題です」と言い切りました。確かに家での問題は家ですが、日中活動の質が帰宅後の行動に影響を及ぼす可能性がある、という考えはありませんでした。地域支援とは本来家庭での安定した暮らしをサポートすることのはずです。家庭での行動も視野に入れた、行動改善に向けての日中活動プランと実行こそが必要です。

さて、残念ながらコロロメソッドを導入している事業所は少ないのが現状です。しかし、他事業所にコロロメソッドに基づく助言を届ける方法もなくはありません。その一つが相談支援を上手に活用することです。現在福祉サービスを利用する際提出が求められる「サービス等利用計画」というものがありますが、この計画を立案するのが相談支援専門員です。複数あるサービスの調整・支援の方向性を揃え、問題が発生した場合は関係者会議を開催しチームを組んで解決するプロセスの主体となる存在です。

今回調査した相談事例で、この相談支援専門員が介在している例が非常に少なかったのです。つまり問題を家族間だけで抱え、知人のつてを頼りコロロにたどり着いている状況なのです。相談支援の制度は始まって数年経ちますが、国が構想した通りには動いていない現状がここにあるのではないかと思います。

しかしそんな中でも、少数ですが相談支援が介在し連携をとって支援している事例があります。

Bさん（女性・22歳・区分6）は県内の短期入所には他害やこだわり等で断られており、そのためコロロで受けていました。相談支援の担当者は、まず他でも短期入所を受けてもらえるようにするため、行動改善を目的に2週間服薬調整の入院を提案しました。その際主治医から出された条件は、退院後コロロの短期入所を利用し経過観察をする、というものでした。そこで退院後の利用と、以前と比べどのような問題行動が減ったのか等、状態についての報告をし、現在は同じ県内の事業所を短期入所で使えるようになりつつあります。他にも他事業所と連携して支援にあたった事例がいくつかあります。

相談支援を上手に使うことで、支援方法について足並みを揃えることがある程度可能になります。ただし、相談支援の調整助言通りに他事業所でコロロメソッドを実施できるかどうかは別なので、そこはまだまだ難しいですが、ひとまず関係者会議では各事業所での問題行動や対応策についてコロロメソッドに基づいてのアドバイスが可能になります。これを図にすると図4が従来の事例、図5が相談支援の事例の関係図です。

図4

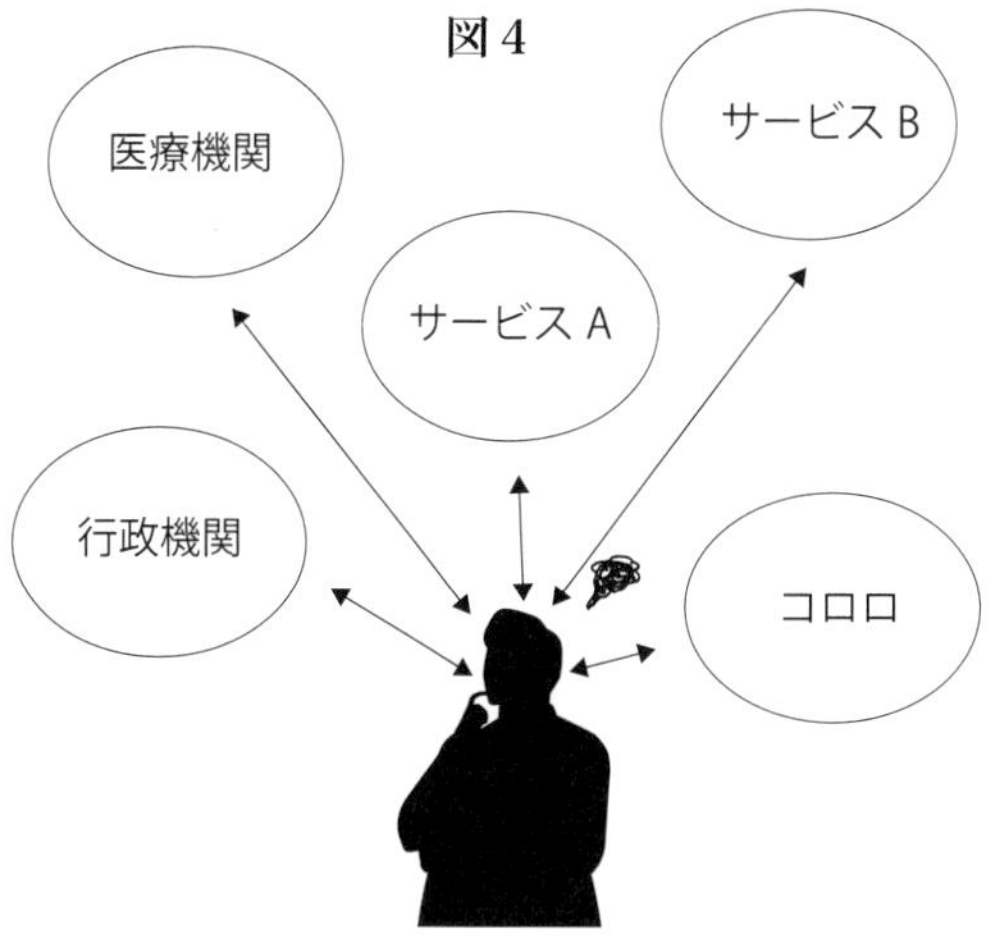

現状では、事業所や担当者によって支援に対する考え方の技量や経験の違いがあり、必ずしもうまくいくわけではありません。考え方がどうしても合わないときは事業所を変えることも必要です。しかし、せっかくある制度ですから賢く活用して理解を拡げていく努力をしていただきたいと思います。相談支援では利用者に有効な社会資源を探ることが常に求められます。コロロ学舎は自閉症・発達障害児者への合理的且つ効果的な支援方法を持っています。コロロメソッドが有効な社会資源であることを担当相談支援員に伝えていただきたいのです。

現在ほとんどの方が相談支援を利用していると思いますが（中には少数ですがセルフプランの方もいますが）短期入所利用の際は必ず担当者に「コロロの短期入所を使って状態改善をしたい」旨を予め伝えてみてください（利用枠の制限で短期入所を全て受けられるわけではありませんが…）。また、できれば本人が利用している様子も見学してほしいと伝えてみてください。サービス等利用計画作成時には要望として「療育を受けたい」という意思表示もしっかりとしてください。もし、相談支援の担当者がコロロのことを知らなかったらぜひ見学をすすめてください。

図5

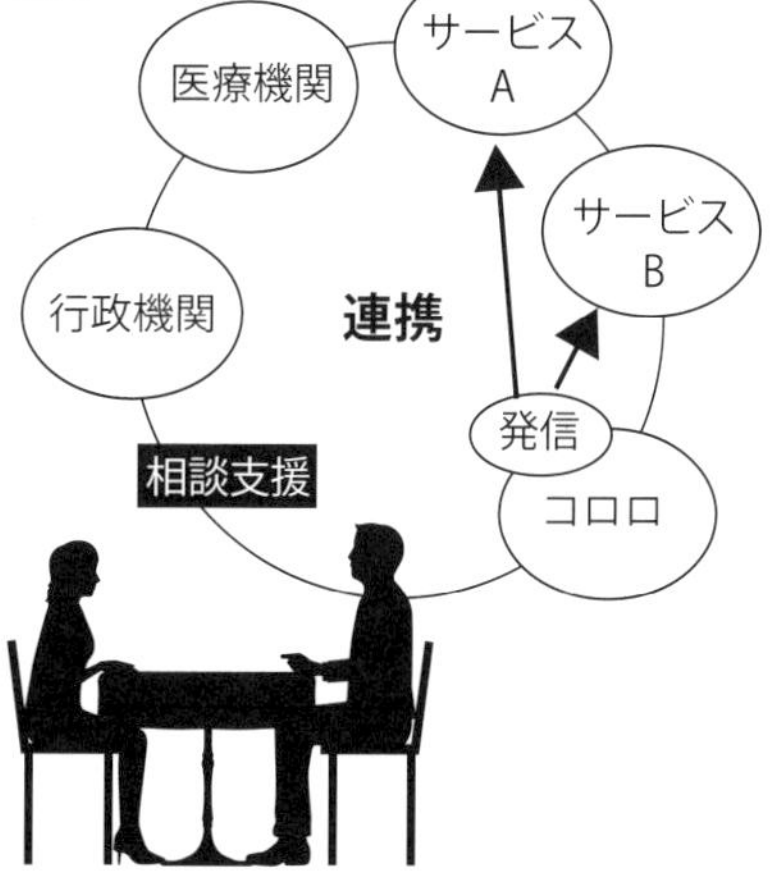

成人期の問題行動に対して家庭・他事業所と連携した支援が今求められていると感じています。

実録！ 青年期の生活

今号ではコロロOBの保護者の皆様から青年期のくらしについてレポートを頂きました。家庭やグループホームなどからそれぞれの事業所や職場に通う生活の様子をご紹介します。

【①グループホームから生活介護事業所へ通う】

国分寺教室卒業生　久保田　慶太郎さん

息子の慶太郎は5年前に特別支援学校を卒業した23歳です。決して成功例でも完成形でもありませんが、重度知的障害（IQ約30）を持つ息子の、グループホーム生活について書いてみます。（学生時代までの話は、発プロ125号「子育てぶっつけ本番」を参照ください…）

卒業後の進路選択

慶太郎は昨年4月から、社会福祉法人身障者ポニーの会（茨城県取手市）が運営する「ケアホーム未来」で生活しています。特別支援学校卒業と同時に、同法人の通所施設「ポニーの家」に通い始めました。息子の進路については、さほどいろいろな選択肢を検討することもなく「しばらくは自宅から通所施設に通わせよう」と漠然と考え、高2の夏休みから近辺の障害者施設で就労支援や生活介護などの実習をさせました。

しかし、高2～高3の頃の慶太郎は、恐ろしいほどの大スランプ期でした（発プロ125号参照）。実習も失敗続き、連続撃沈です。今にして思えば、実力以上に妙にうまくいってしまうよりは実習でボロを出していたほうが良かったのですが、親としては目先の失敗に気を取られ、落ち込む日々でした。とうとう、「やはり他の施設では、うちの子はうまくいかない！コロロの施設にお願いしたい！」と思うようになりました。我ながら安直な考えですが、当時は必死でした。

コロロ通室時に「卒業後は瑞学園に入所できないか？」と相談したところ、瑞学園の通所部なら受け入れ可能かもしれないと言われました。しかしなにしろ我が家は茨城県です。熱心な親なら転居も辞さないのでしょうが、その頃は下の子はまだ小学生、同居の姑もいて、慶太郎のことだけで転居するわけにもいかないと思いました。茨城から毎日通うことも現実的には難しく、ひとまず4月からの通所はあきらめました。地元の施設に通いながら、入所の空きを待つことにしましたが、その当時で瑞学園の入所は99人待ちと言われ、これは一生待ってもムリだろうな～と、うすうす感じていました。

そして気を取り直し、地元のいくつかの施設で実習を行いました。こちらが希望しても施設から断られたり、逆に先方からぜひにと言われても、息子の様子などから私がお断りした施設もありました。最終的に、理事長が息子のことをとても気に入ってくれた「ポニーの家」に通所することになりました。コロロで、可愛がられる子になる訓練（？）を続けたおかげです。卒業時には少しずつスランプから抜け出し、晴れて新生活のスタートを切りました。内職班に配属され、落ち着いて毎日、休まず通いました。

グループホーム入所の経緯

やれやれ、私の子育ても一段落かなー？などとノホホンと過ごしていたところ、私の母が突然倒れ、入院しました。水頭症やいろいろな合併症で、あっという間に要介護4の認知症になってしまったのです。そこから日常は一変、私は介護生活に突入しました。幸か不幸か主人がすでに定年退職していたのでずいぶん助けてもらいましたが、介護と同時に実家の処分や父の仕事の整理、両親の転居など次々と発生する問題に振り回される毎日でした。

そんな生活の中で、そろそろ息子の行く末も考えなければならない、と思うようになりました。もともと私も主人も、死ぬまで慶太郎の面倒を見ようとは考えておらず、彼が若いうちに自宅から巣立たせようと話していました。私も両親を見て、老人も障害者も必要になってからあわてて行き先を探すより、落ち着いているうちに施設を検討する方がいいと感じたのです。

私は息子の施設がグループホーム（ケアホーム未来）を運営していて、そこに住む先輩がいることは知っていましたが、息子をそこに入居させることを、最初は考えていませんでした。「慶太郎は、いつか瑞学園に入るんだもんね！」と、根拠なく思っていたので、施設側にもそう伝えていました。しかし我が家の状況が変わり、だんだん瑞学園の入所もあきらめの心境になったので、ケアホームの空き待ちリストに加えてもらうよう希望しました。ケアホームは満室だったので声がかかるのは何年か先だろうと思っていましたが、予想に反してすぐに、入居できるとの連絡がきました。悠長に構えていた私はびっくり仰天です。（私の）心の準備もできておらず、ひとまず体験宿泊をさせてもらうことにしました。

「ケアホーム未来」では男性7名が生活していて、隣には女性棟「ケアホーム夢」があります。ここはケアホームという名前のとおり旧法の知的障害者向けホームになっており、比較的障害の重い人も生活できるシステムです。調理や洗濯は世話人さんがやってくれますし、夜間は当直の職員が必ず宿泊します。

通常のホームより手厚い支援でしたが、それでも私は心配でたまりませんでした。長年コロロ式で仕込んだとはいえ、なにしろ息子の能力では、本来ならホームの生活は無理なのです。預けるたびに、「大丈夫ですか？迷惑をおかけしていませんか？」と何度も職員にたずねましたが、「全然問題ありません！」との答えでした。慶太郎は入浴や着替えといった身辺自立が不十分なことが多いのですが、職員がしっかり指導してくれます。他の利用者はしっかりしたベテランで、息子ほど手がかからないことも理由かもしれません。

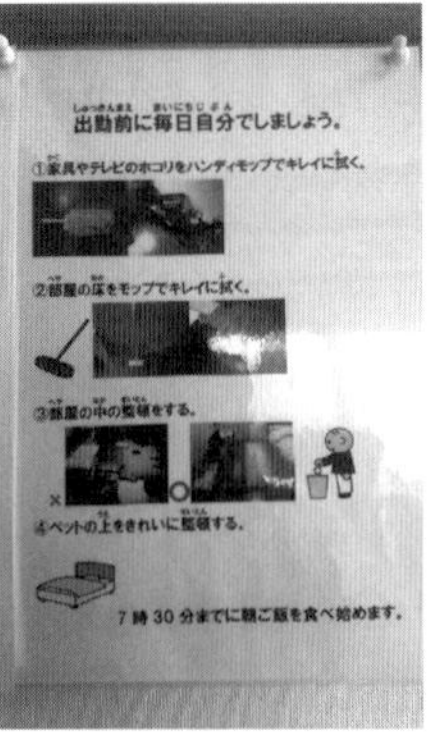

自室の掃除は自分でやります。

体験中の慶太郎は不安定になることもなく、毎回の宿泊を楽しみにしていました。カレンダーをめくっては「○○日、ケアホームです！」と確認していました。私が「ケアホーム好き？」と聞くと「ケアホーム好きです！」と即答します。どうも、ホームには口うるさい母親がいない！と気が付いたようでした。

　体験を何回か続けた後、施設から正式に入居しないかと打診され、昨年4月に入居しました。奇しくも両親の転居とほとんど同時期になってしまい、実家の引っ越しと息子の入居準備で目が回る忙しさでした。意外なことに、自分ではドライな親だと思っていた私でしたが、いざ息子が家を出るとなるとやはりなんとも言えない寂しさを覚えました。ですが慶太郎も22歳、健常者なら就職して家を出る年齢だ！と考え、寂しさを振り切って送り出しました。

現在の生活

　現在の息子の生活です。月曜日の朝に送迎バスで自宅からポニーの家に向かいます。一週間分の飲み薬や提出物、昼休みにやる自習プリントなど全て月曜に持たせるので準備が大変ですが、できるだけ自分で支度させています。私が忘れていても息子が準備していることもあります。

　平日の日中はポニーの家で作業をして、夕方ケアホームにバスで戻ります。ホームに着くと、一人ずつ順番で入浴し、夕飯をみんなで食べ、協力して後片付けをします。消灯までは自由時間で、慶太郎はテレビを見たり、先輩と一緒にゲーム機で遊んだりしています。ゲームが下手な息子は毎日先輩に負け続けて、勝ち負けもわかっていません。先輩はどうしても勝ちたいタイプなので、いい組み合わせのようです。

お楽しみの夕食

　また、空き時間には作業や行トレをやるように、自宅と同じ作業道具やトレーニング器具などを自室に置いています。自分一人でできるように、ホワイトボードに指示を貼りつけたりと工夫していますが、真面目にやっているかどうかは疑問です。

空き時間には作業をします

コロロの教えよりはゆるい生活になってしまいますが、私の目が届かない場所でも、ある程度落ち着いて過ごせていれば合格点かなと思っています。私が一生、にらみを効かせるわけにもいかないので…。

土曜日の午後に行動援護サービスを利用して、お迎えがてら外出支援を受けています。自宅からホームは車で40分かかるし、息子もヘルパーと外出するのを楽しんでいるので、ちょうどよく利用しています。日曜日は自宅で家族と過ごします。買い物や祖父母のところに行ったり、ランニングをしたりしています。そして月曜日の朝にはまた、送迎バスで出かけていくという生活です。

予想していたことですが慶太郎はホームで、ちょくちょく問題を起こします。最近では自分の衣服のほころびが気になりビリビリに破くことが何度かありました。自宅と違い私が状態を立て直せないので、できるところは環境調整し（例…服のほころびを直すなど）、あとは職員に対応をお願いするしかありません。幸いコロロメソッドに理解のある職員がいて、連絡を取りながら様子をみてもらっています。今のところ大問題には至らず治まっていますが、いつか大崩れするんじゃないか？と覚悟はしています。そうならないように帰宅した時はシメておく（？）つもりですが…。

ただ、慶太郎は能力が低いわりには、グループホームという形態にうまくなじんでいます。良かった点は、変な表現かもしれませんが息子の人間関係が希薄なことでしょうか。息子は自分からの働きかけが少ない、いわゆる受動型の自閉症なので、利用者同士のトラブルはあまりありません。そしてコロロ式で育てたので「暴力・暴言・不潔」などはもちろん許していませんでした。たとえ能力が低くても、仲間とうまくやっていける人物のほうが好まれるのだと、改めて実感しました。「周りに好かれる」ことの大切さをコロロで、耳にタコができるほど教えられた成果ですね。

私は、さほどがんばって今の状況にこぎつけたわけではありません。私が心がけていたのは、施設の保護者会や学校の集まりなどには都合のつく限り参加して、周りのお母さんたちと仲良くしていたくらいです。そういう場に行かなければホームのことも耳に入らなかったと思います。情報のためだけに無理に付き合う必要はありませんが、普通に誰とでも気分よく接していれば、必要な情報は得られるかなと思います。

また、どんな施設に行っても、好まれ、求められる障害者像は同じことです。これからも親子でそれを目指すことが、結果的に理想の生活に近づくカギだと私は思っています。

実録！　青年期の生活

【②自宅から就労先へ通う】

杉並教室卒業生　櫻井　大朗さん
仲樹さん

二人の息子は27歳と25歳、小学1年生と3年生の時から兄弟でコロロ杉並教室に通室しています。現在、兄の大朗（ひろあき）は産業技術総合研究所のチャレンジドチームの一員として就労しています。職場では、所内便用封筒の作成、廃棄書類の回収、所内の環境整備、古新聞を使ったエコバッグの作成等、所内で必要とされる様々な仕事を11人のチーム員で行っています。弟の仲樹は、就労移行支援施設に通所し、フルーツネット折り、お菓子の袋詰め、化粧箱折り、製品の箱詰めなどの軽作業を行っています。二人とも朝の8時45分から午後4時30分まで職場で過ごしています。弟は福祉施設での就労ですが、その施設は働くことに重きを置く施設でレクリエーション等の余暇活動はありません。なので、二人とも余暇活動は土日と平日夜間に集中して行っています。

二人が専門学校、特別支援学校を卒業したのは２０１１年３月11日、東日本大震災の日で、二人が社会に飛び立つというその日に起こった大災害に大きな不安を感じました。

卒後の進路を　どのように選択したか

仲樹の高等部卒業後の進路選択で一番重視したのは、「しっかり働かせてくれるところか」ということでした。仲樹は知的に重度ではありましたが、長時間の労働に耐えるだけの体力があり、自分のできる仕事に集中している時が一番意識レベルを高く保てている、と感じていたからです。「みんなで楽しく過ごしましょう」的な一見したところ面倒見の良い施設は避けたいと思いました。中学生の時から長い休みを利用して何ヶ所か「仕事をさせてくれる施設」での実習をし、その中から納得のいくところを選びました。特に問題もなく過ごしていたのですが、学生時代と違い、行事や余暇活動もなく様々な経験が不足しているなと感じ始めた頃、茨城にも「学びの作業所」ができたことを知りました。家から遠いこともあり併設するグループホームに入居しての通所になることなど少し迷いましたが、新しい事業で職員の熱意も感じられ、グループホームでの生活についても、学習、運動等についてこちらの要望も聞いていただけそうでしたので、思い切って移りました。グループホームではなるべく空き時間を作らないように、自室の掃除、洗濯以外にも共用スペースの掃除、草取りなどさせてもらうようお願いし、また移動支援を利用しジョギングを毎日できるようにしました。学習については、月曜から金曜までの1週間分を1日分ずつクリアファイルに漢字、計算問題、コロロのプリント、折り紙を入れ持たせ、週末家に帰ってから採点をしていました。食事は管理栄養士がいて献立を作っていましたので、体重管理、健康管理は行き届いていると思っていました。

学びの作業所卒業後、グループホームでの生活も定着していましたので、ホームから通える同じ法人が経営する就労移行支援施設に通所することにしました。トマトケチャップを作るためのトマトを栽培する仕事です。実習に行った時に仕事ぶりを認めてもらい是非にということで、本人も気に入り一生懸命働いていました。しかし、7月のとても暑い日に熱中症でけいれんを起こし倒れました。その際、不幸なことに施設ではそれをてんかんの発作と思い込んで深刻なことと思わなかったようです。連絡があり家に連れ帰ってから、歩き方がおかしいので病院に行き尿検査で尿をとったところ、尿が赤いのです。重度の熱中症により横紋筋融解症を起こしてしまっていました。すぐに入院、16日で退院しました。無事回復したのですが、人によっては命を失くしたり、腎透析になってしまったりするような状況でした。本当に伸樹には可哀想なことをしたと、今考えても胸が痛みます。このことが契機となり施設に対して不信感を持つようになり、また伸樹の健康が完全に元に戻るまでは自分の目の届くところに置くべきだと考え、グループホームを出て家に戻り、現在は高等部卒業後に通所していた施設に通っています。アクシデントはありましたが、グループホームに入居したことは、「自立する」ということを考え、生活力を身につけるという観点から考えるとよい選択であったと思います。

伸樹、阿見乗馬クラブにて乗馬の練習

兄、大朗は、自閉傾向を持つ中等度の知的障害者です。地域の小学校、中学校に通い、卒業時には迷いましたが普通高校に進学しました。本人に明確な意思があった訳ではありませんが、幼いころから「ひろ君も…」と言って皆と同じことをしてきた子でしたので。特別支援学校に通ったほうがきめ細かい指導が受けられることも十分理解していましたし、就労を考えればとても不利なことも承知していました。しかしそのようなことは私が全面的にバックアップすればよいことでした。

高校卒業時、もう少し学びの期間を持たせたいと思い福祉系の専門学校に進学しました。言語の理解が低い子でしたが、周りを見て同じ行動をとれる力が身についたことはよかったと思います。

最初の就職は大朗と私とでハローワークに通い、障害者を雇用している会社をいくつか受け、農業系の会社の養鶏場に採用されました。ニワトリの世話と採卵、卵のパック詰めなどの仕事を1日も休むことなく真面目に勤務していましたが、ある日、大朗がドアのガラスを割るという事件が起こりました。大朗が外で作業をしていた時、帰宅したと勘違いした職員が鍵を閉めて帰ってしまい、戻った大朗は中に入れなくなってしまいました。携帯電話も、自転車のカギもお財布もロッカーのかばんの中です。会社は畑の真ん中で周りには人家もお店もありませんし、家までは10㎞以上あり帰れません。困った大朗は石でガラスを割り、鍵を開けかばんをとり何事もなかったように帰ってきました。会社側のミスで起こったことでしたので、おとがめはありませんでしたが、大朗本人がこのことを何とも思わず家で報告せずにいたことがとてもショックでした。小さな会社で障害者の雇用は1名のみ、一人黙々と作業する環境は思った以上に大朗の意識を低下させていたのかもしれません。もう少し頭を使う職場をと思い、茨城県障害福祉課内に設置されたステップアップオフィスの採用試験を受け合格しました。ステップアップオフィスは知的障害者の民間企業の事務職への就労を支援する就労継続支援A型事業所です。補助的な事務仕事や県のイベントの手伝いをしていました。土浦市の自宅から水戸市の県庁まで電車に1時間バスに30分と通勤時間が長いので、乗り物の中でニヤついたり、女の人のそばに立ったりしないようにと毎日注意をしていました。1年半後、自宅近くのつくば市にある産業技術総合研究所に採用され現在に至ります。

余暇活動について

先に述べたように二人とも職場での余暇活動はありませんの

で、家で様々な情報を集め積極的に活動に参加しています。社会参加を促すという意味でも、色々な経験をさせることはとても大切だと思います。スペシャルオリンピックスの活動に参加して二人とも12年になります。主に陸上競技をやってきましたが、昨年から、卓球と馬術のプログラムも始まり週1回ずつ活動しています。大会や合宿もあり、家族以外の人の中できちんと行動して生活できるかのチェックにもなっています。

また、障害者向けのイベントだけでなく、東京マラソン、つくばマラソン、などの一般のマラソン大会にも参加するようにしています。加えて大朗は水泳、伸樹は書道を長年続けており、それぞれに成果が出ています。これらの活動は、息子たちだけでなく私の楽しみでもあり、療育を続ける力の源となっています。

兄弟を育てていく中での優先順位

今は二人一緒に行動することが多いのですが、学生時代は全く学校が別でしたので、それぞれの学校で必ず役員になり学校に顔を出し、先生とコミュニケーションをとるようにしていました。特に意識したわけではありませんが、兄弟同じぐらいの力のかけ方だったと思います。大朗が高校受験、専門学校受験で勉強をしていた時は、伸樹も一緒に学習（簡単な自習課題）やビーズ通しをしたりしていました。

今後の課題と展望

25歳と27歳の青年になった息子たちは一見穏やかに暮らしています。仕事をし、スポーツをし、映画鑑賞もする。家の手伝いもするし、頼んだことは何でもやってくれる。公共の場で、概ね適応行動がとれる。しかし、最近、緩やかに劣化している、と感じます。大朗はマイペース行動や発言が多く、金銭の管理もうまくできません。欲しいものがあるといくらでも買ってしまいます。お金の使い方をもっとうまくなってほしいと思います。伸樹は行動が遅くなっています。体重も増加傾向ですし、指の動きもあります。健康を害して家に帰ってきたので少し甘くなってしまっています。何より母である私の気力と体力の低下が彼らの劣化の元凶です。親子ともども健康に留意しながら、これからも療育に取り組んでいきたいと思います。

大朗、全国障がい者スポーツ大会に水泳代表として参加

実録！ 青年期の生活

【③自宅から特例子会社へ通う】

杉並教室卒業生　近藤　剛さん

早いもので息子剛がコロロのお世話になり20年。幼児みかん組、れもん組、学童クラス、杉並コロロ少年隊と通い現在のOBマキシムコースに至ります。コロロ歴は長いものの、あまり真面目ではないMTではありますが、学齢の低い保護者の方が少しでも我が子の将来像のイメージを掴めればと、青年期以降の剛について書こうと思います。

剛について

平成4年9月8日、神奈川県相模原市生まれの25歳。6か月健診時に保健師さんより目の合わなさのチェックが入り、年々少より市の毎日通園療育センターへ通い始めました。そこの先輩ママからコロロ情報を得て、平成9年5月に転居を伴いコロロに入会。幼児毎日教室へ、電車、バスを利用して通いました。小学校6年間は幸いにも地域の学童クラブに入ることができました。様々な出会い、体験をすることができ、マイペースに陥らずに済みました。小4よりコロロ杉並教室少年隊に週3回、学童コースも含め週4日杉並教室に通っていました。

平成20年4月都立中野特別支援学校高等部に入学。学校生活最後は地域でという思いから、迷わず入学させました。

剛は愛の手帳3度、あまり分かりやすく話すことができません。ただ、久保田先生の「空気のように育てましょう」の言葉が印象的で、かわいがられる自閉を目指して育ててきたので、それは達成できたかな、と思います。現在の普段の行動なら、にこやかなお兄さん程度に映る感じでしょうか。落ち着いていった過程は幼い頃からのトレーニングの結果だと思っています。「太らせないように」も実行しています。適度な運動は言うまでもなく、だらだら食べはしない、という点も意識しています。

剛といえばスピードスケートが代名詞でしょうか。小5の秋にスペシャルオリンピックス東京でスケートプログラムが立ち上がって以来15年選手。逞しい下半身です。

4年に一度開催されるナショナルゲームは長野、山形、福島、新潟の

2009年スペシャルオリンピックス冬季世界大会での試合

各大会を経験しています。出場年齢に達した15歳、高1の時には日本代表メンバーとしてアメリカ、アイダホで開催されたワールドゲームにも参加し、777mで銅メダルを獲得することができました。ワールドゲームは親元を離れ二週間、選手団として異国で暮らさなければなりません。それまでの一番長い宿泊はコロロの夏合宿でしょうか。「どうにかなるだろう」と送り出し、夫婦で応援に行きました。年長から高3まで皆勤で参加した苦行の夏合宿（先生スミマセン）は、何にでも耐えられる心身を育ててくれていたのでしょう。スケートにもアイダホでの選手団の生活にも頑張る我が子の姿に嬉しくなりました。ワールドゲームについて語ってしまうと切りが無いのですがプチ自慢を。平成21年2月の大会後、選手団帰国のタイミングがヒラリー・クリントンさん初外遊の来日と重なり、先方よりアメリカで活躍したアスリートに会いたいという有難い申し出を受け、関東エリアのアスリート母子が羽田空港貴賓室でお出迎えさせていただくという経験をしました。この時程この子を育ててきて良かったと思ったことはありません。

スケートプログラムですが、月に一～三回氷上のリンクで、また陸トレの一環でインラインスケートも練習として取り組んでいます。練習はリンク、コートの貸し切り使用となり、一般開放時間の前後となるため、休日の早朝となり早起き必須です。それも規則正しい生活を送るには良いのかもしれませんね。父親がコーチとして携わっており、我が家の休日はスペシャルオリンピックスを中心に回っていると言っても過言ではありません。コロロを知ったからなのか、元々なのか…？父親はいわゆる抑制系。それはとても幸いしています。私が感情的に子どもを叱ってしまう時、冷静に対応してくれとても助かります。ある時父親が剛に「お父さんとお母さん、どっちが好き？」と質問をしたら「お母さん」と返ってきて落ち込んでいました。口うるさい母よりいろいろとやらせてくれる父の方が良いのでは？と思えるのですが、私としては嬉しかったです。

高校生活

高校生の頃から毎朝通学前にランニングを始めました。距離は5キロに設定しました。最初は父親が決めたコースを一緒に走り、段々と慣れてきたら一人で走らせ、出発時と帰宅時に時間を記入させ同じくらいで戻る意識付けをしました。就労した今でもそれは続けさせています。ランに関しては我流なので著しい進歩はありませんが、東京マラソンだけは毎年応募しており高3時に初当選。ラッキーにもここ3年連続で走っています。

ハンディのある子たちのほとんどは、高校卒業後に社会に出なければなりません。私がこの時期に常に意識していたのは、お世話になる作業所できちんと報告する、指示されないことは勝手にしない、周りに惑わされず落ち着いて過ごす等です。ちなみに、当時剛が卒業と同時に就労できるとは夢にも思っていませんでした。コロロの「いつでも・どこでも・だれとでも」はもちろん、一人で学校からコロロに行くことができても故意にヘルパーを利用して、マイペースにならないよう、誰とでも行動できるよう取り組みました。

卒業後の進路決定、そして…

進路に繋がる高3の実習で就労継続支援A型のパン工房に内定をもらい一年半お世話になりました。こんな理解力に乏しい息子に東京都の最低賃金を頂けるなんて、と感動しました。が、やはり世の中そんなに甘くはありませんでした。朝早い出勤のため帰宅も早く自宅に一人でいる時間が長くなりマイペースが増長してしまい…他にも要因はありましたが、とても取り返しがつかない状態となり退職せざるを得ませんでした。この最悪な時にもコロロの先生方に助けてもらい、感謝感謝です。

剛は運にも恵まれているようで、退職した翌月から、就労継続支援B型の作業所に通所が決まりました。パン工房もあり、実績が活かせるとの福祉事務所担当者の勧めでこちらの作業所に通所が決まったのですが、結果四年もお世話になりました。月水金は施設内パン工房でパン製造、火木は隣にある高齢者施設の居室内水回り清掃と、体も手先も使う有難い職場でした。器用さ、真面目さが功を奏し、パン工房ではチーズケーキ作りを任される程になりました。退所が決まると職員さんから「剛君がいなくなるとパン工房は大変」と感激するような言葉を頂きました。

特例子会社に入社

A型を退職したことは母としてはショックでしたが、しばらくするとまだ若いのだからチャレンジさせねば、と思い直し、次は失敗させられないと思うとどうするべきか悩みました。

そんな時背中を押してくれたのが、相談支援事業所の支援員さんの一言でした。地域の就労支援センターに本人と二度面談に出向き能力検定を受けることになり、平成28年6月末に三日間作業所を休み挑戦。我が子ながら作業能力はまあ及第点でも理解力が弱いので無理かなあと、7月中旬の結果を聞くまで諦めていました。ところが三日間の剛の成果はコロロで培った耐性力が実を結び、長所ばかり取り上げてもらえたのです。更にその場で実習先も提案され、そこが現職の特例子会社（株）三越伊勢丹ソレイユでした。秋に二週間の実習後合格となり28年12月より入社、二年目となりました。

仕事の内容は多岐にわたり、百貨店で必要とされる様々な作業を行っています。今は水日が公休で祝日は出勤。母がそのペースに慣れるのに時間がかかりました。携帯電話は高校から持たせましたが通話のみの利用でした。しかし、職場から安否確認メールを送受信できるようにとの指導でメールを打つようになりました。

職場での作業

通勤は電車一本で一時間弱。帰りにはチャージしたＳｕｉｃａでアイスクリームを食べてくるのが日課です。職場にも慣れてきた昨年夏頃、組合誌クラブ紹介で「三越伊勢丹駅伝競走部」を見つけ入部を打診してもらうと即ＯＫが。11月には味の素スタジアムのリレーマラソンでクラブデビュー。６８３チーム中19位という結果で、皆さんの足を引っ張らずに済みました。健常な方との活動なのでもれなく私が通訳で同行しラインのグループも私が加入。若い方と楽しく会話させてもらい剛のお陰で世界が開けています。剛の真面目さがここでも幸いし、最年少なのもありかわいがってもらえています。

三越伊勢丹駅伝部で出場した味スタ6耐レース

家庭では第二の主婦として、洗濯、ゴミ出し、風呂掃除、食事準備等活躍してくれています。家事を教えるのは時間がかかり、自分がやった方が楽なのは想像できるでしょうが、それを乗り越えれば必ず報われるはず。私のような家事嫌いには助かる相棒です。自由時間はタブレットで動画を見たりウォークマンでの音楽鑑賞程度。学生時代には１０００ピースのジグソーパズルをいくつも完成させ、授業で習った刺し子も得意でクッションカバーを双方の祖母にプレゼントし喜ばれました。そういう趣味も手先の器用さに繋がったのかもしれません。小学生からの日記は若干パターン化ですが、書字の訓練も兼ね継続中。年賀状も宛名は手書きさせています。

最後になりますが、剛には3歳違いの妹がおり愛の手帳4度です。剛とは全く違うタイプで、この子の良い影響もたくさん受けたと思います。剛は再就職し落ち着いてくれましたが、こちらは昨年秋に退職し現在模索中。母は遊んでばかりもいれません。

今後の課題は将来を見据えての独立、グループホーム入所です。親の余力があるうちに一度手放してみようかとは思っています。

健常な子ではきっと付き合ってくれないであろう息子とのデートが似合うように、いつまでも若く行動的に、そして楽しく療育していきたいと思います。

実録！ 青年期の生活

【④グループホームから 就労継続支援B型事業所へ通う】

杉並教室卒業生　深川　佳恭さん

現在の状況

息子は27歳。現在、山梨県の社会福祉法人が運営する就労継続支援B型事業所で働くとともに、同法人が運営するグループ・ケアホームで生活し、同法人が運営する地域支援事業所で余暇活動として公文による勉強や書道・茶道等のクラブ活動に参加しています。

山梨県外からの利用者は、月に一度帰省し、保護者も月に一回～二回ほどグループホームを訪問し、保護者主催でマラソン大会への参加・練習や、音楽活動などで我が子達のQOLの向上に取り組んでいます。

仕事は、主にプラスチックリサイクルに関わる作業です。息子は最初の一年程は仕事への集中度が低かったのですが、仕事量が豊富で、職員さんの粘り強い指導もあって、今では仕事をきちんとやり遂げることに喜びを感じているようです。また、地域支援事業所での勉強などを通じて、息子の知的レベルが少しずつですが、向上しており、二十代の知的障がい者でも成長できるのだとの感慨をいただいております。

作業の様子

これは社会福祉法人の職員の皆様の熱意のお蔭です。そして、コロロで学んだ「いつでも、どこでも、だれとでも」が大切であることを、私たち父母は今でも息子と向き合う指針としております。

グループホームでの生活

余暇活動のない通常の日の過ごし方は、このように過ごしています。

6時30分起床、着替えトイレやベッドまわりの整頓を済ませ、食堂へ。支援員さんから体温計を渡され、体温測定。7時過ぎから朝食。世話人

ホームでの朝食

さんが一人ずつトレーにセットした朝食を名前が呼ばれたら取りにいきます。食べ終わった人から片付け、世話人さんにご馳走様のあいさつ。歯磨き、支援員さんの仕上げの歯磨き。髭剃りトイレなど身支度。

8時45分 地元バスで職場へ出勤。職員さんが1名同乗してくれます。

4時過ぎに帰宅し、玄関ホールでリュックの中の洗濯物（作業着・タオル）をカゴに入れます。手洗いを済ませてリュックやウインドブレーカーを各自部屋に片付け。おやつを食べ、先程の作業着などの洗濯が終わったら各自で干します。その後、順番に入浴（一応自分で洗うことは出来ますが、支援員さんに時々チェックして貰っています）。6時半過ぎに夕食。夕食後にもう一度洗濯物を干し、明日の準備。後は自由にテレビを見たり音楽を聴いたり日記をつけたり、支援員さんと一緒に体操縄跳びストレッチをしたりで過ごし、9時頃就寝です。

息子は愛の手帳2度・受給者証区分5とかなり重い障がいです。それでも、何とか皆さんの支援を受けてグループホームで生活しております。

身辺自立もまだまだで、自立に向け日々努力しておりますが、それと同時に上手に支援を受けるということは大事なことだなあと感じています。

養護学校時代の保護者活動

寄宿舎のある養護学校で中学1年生から高校3年生、専攻科1年の7年間を過ごしました。

養護学校では生活面・運動面を重点的に指導されましたので、身に着いた生活習慣を活かしてケアホーム、グループホームなどで生活出来たらと思うようになりました。

そんな時、高知県にある姉妹校の見学をさせて頂ける機会に恵まれました。

そこでは卒業生で学校近くの寮から仕事先に通っている方々、あるいはグループホームから通っている方々の生活を見せて頂き、学校生活で身に着けた習慣を継続出来ている姿に感動し、是非、息子にそんな生活をさせたいと強く思うようになりました。

そこで、同じ思いを持つ養護学校の親の会有志で「子供達の卒業後を考える会」を発足しました。例えば、卒業後、養護学校の所在する地域で働き生活する作業所やホームができないかなど、皆で調べて模索しました。同時に養護学校とも共同で何か出来たらと考え学園長先生とも何度か話し合いをもちました。この活動では、お互い真剣に向き合いましたが、難題も多く具体的な作業所やグループホーム設立には至りませんでした。

ただ、この活動が高校卒業後、社会に出るまでの準備をする専攻科の開校につながりました。養護学校には今でも感謝しております。

卒業後の進路と居住地の選択

「子供達の卒業後を考える会」の活動を進める中で、養護学校の先輩のお父様Mさんが山梨県北杜市にグループホームをつくるとともに、息子さんの仕事先はそこから徒歩で10

分ほどの社会福祉法人 就労継続支援B型事業所であることを知り、その社会福祉法人の理事長を紹介頂きました。

当時グループホームは受給者証の区分1か2の方でなければ入居出来ませんでした。私達のメンバーは区分3から5の子供達でしたので、Mさんの設立されたグループホームには入居できません。「子供達の卒業後を考える会」のメンバーで、我が子の山梨県での就労と生活を選択肢とする保護者が理事長やスタッフと相談を重ね、正式に就労する前に何回かの就労実習や、事業所近くの民家での集団生活を試行した上で、社会福祉法人の理事長が就労継続支援B型事業所への息子たちの受け入れと、グループ・ケアホームの設立を決断してくれました。

B型事業所の施設長は、仕事は職員の教え方次第で子供達は仕事が出来るように変わる、全ての仕事の体験をさせて出来そうと思ったことはスモールステップで本人にわかるように伝えるという信念をお持ちの方です。

息子は小さい頃から非常に常同行動が多くコロロでの課題も暇にさせない！ということが常にありました。そのような息子に、職員の方々は、分かりやすい指導と真摯に向き合う姿勢で取り組んでくれました。理事長も、私たちの子供が、それぞれ問題をかかえているものの、養護学校で培った基礎体力と、基礎的な生活動作を身に着けていることを評価されたのだと思います。

ホームは北杜市から人口減で閉鎖された保育園を格安で貸して頂き、社会福祉法人に保護者も協力して改装しました。設立当初はスタッフが揃わず、保護者が交代で世話係を担うなど苦労もあり、他の施設に転出する利用者さんもいらっしゃいましたが、現在は熱心で経験豊富なスタッフも揃い、子供達もホームを第二の我が家と感じているようです。

今後の課題・展望

実家から遠く離れた息子達が、生涯を山梨で生活するためには、地域社会との深いつながりが必要だと思います。

地域のお祭りやマラソン大会などの行事や清掃活動などへの参加、ホームから作業所へのバス通勤などに取り組んでいますが、保護者自体の参加も含めまだまだ深堀が必要です。

子供達の高齢化に備え、体力が落ちても出来る仕事の準備も必要です。子供達が仕事をリタイアした後の生活支援の枠組みも準備しなければなりません。幸い社会福祉法人も、これらの課題に真剣に取り組んで頂いておりますが、保護者も法人にお任せするだけでなく、行政への働きかけも含め能動的に活動していくことが必要だと考えています。

ホームでの誕生会

瑞学園看護室から

健康な成人期を迎えるための予防と対策

瑞学園看護師
山本 由紀子

看護師の職につき30年。瑞学園では10年になりました。この10年の間に様々な病気と出会うことになりましたが、その中には「まさか！」と思う、想定外の原因から起こったものもあり、障害者施設の特殊性というものを感じています。この「想定外の原因」とは日々の何気ない行動の積み重ねにあるのだと実感しています。今回は実際に経験した事例をもとに、今からできる予防法、適応力をつける必要性、病院受診の体勢づくりについてお話ししたいと思います。

白内障

38歳になったAさん（ダウン症男性）が最近怒りっぽくなったり、歩行中座り込んでしまったりすることが増えたという支援員の会話が気になっていました。「体調が悪いのかな」と検温するも熱はなく、おなかの調子も悪くない様子。どこも悪そうではないのに、どうしてこんなに状態が悪いのか…。「支援の問題？」と対応を変えてみるも一向に改善せず、更には大声まで上げる状態に…。

そんな時、何気なく覗き込んだ左目の瞳孔（黒目の部分）が、異常に大きいことに気付きました。「これだ!!」と即眼科を受診。すると眼圧が高く緑内障との診断です。この原因は白内障が進行してレンズが膨張し、中身が飛び出してしまったことによるものでした。この時失明寸前、通常は激痛で居ても立っても居られない状態だそうです。すぐに大きな病院で緊急手術することとなりました。

白内障のレンズ交換の手術は一般的には目薬麻酔のみで行われるそうですが、目の前に針が見えても絶対に動いてはいけない等、Aさんにとってはハードルが高く、全身麻酔下での手術をすることになりました。しかし、全身麻酔は身体に負担がかかるうえに採血、心電図、肺のレントゲン、呼吸機能検査と術前の検査も様々で、これもまたAさんにとってかなりの負担でしたがなんとかやり切り、幸いなことに視力を取り戻すことができました。

さて「白内障」というと加齢性白内障が有名ですが、Aさんは外傷性白内障でした。医師から「強い刺激がなくても、日常的に顔をこすったり目をこすったりする方はこういう状態になりやすい」と言われました。同様の患者さんを多く診られていたようです。たしかにAさんは日常的に顔を上下にこする癖がありました。Aさんはダウン症ですが、その後よくよくダウン症の方を観察してみると、形は違えど同じように顔をこする方が多いことに驚きました。顔をこする強さはタオルで顔をふくとき程度の強さのようです。このぐらいの強さでも、日常的に何度も繰り返すと白内障になるわけです。自閉症ですと、よく常同行動や自傷で目の周りを刺激することをみかけますが、それこそ白内障の危険が大きいことを改めて認識したことです。

貧血

貧血の利用者さんは少なくありません。主に鉄欠乏性貧血と診断されます。好き嫌いやそれしか食べないなどのこだわりで偏った食生活であれば、当然鉄分が不足して鉄欠乏性貧血になります。しかし学園で栄養管理された食事が提供され、それを全量摂取しているのに起きてしまうのです。体質もありますがBさんの場合はどうもそれだけではない気がしていました。

まずは原因を突き止めようと検査をしてもらいました。胃腸からの出血を疑い検便検査、胃カメラ、大腸カメラなどを行ったり…。ところが、検査中に胃カメラを食いちぎってしまったり、下剤を全部飲めなかったり（1リットルのまずい水を飲まなければなりません）検査は、本人も周りもそれなりに大変です。そうしてやっと検査をしたものの、目に見えた出血は認められず、服薬と定期検診で様子をみることになりました。数値は一応安定したものの、原因が分からないのが気になり、様々調べてみました。そして激しいトレーニングをしているアスリートは鉄の排出や需要が増大しており鉄不足になりやすいということが分かり、なるほどと納得できました。実は貧血の利用者さんの行動を見ると、すごい力で力こもりする人、左右の腕の太さが違うほどの偏った筋肉の付き方の人、座っていられず絶えず歩きまわってしまう人、大きな音を立ててジャンプして足を強打してしまう人など、普通では考えられないような身体の使い方をしている方が多いのです。アスリート並みに、身体を酷使しているのではないでしょうか。このように、力加減や、持続的な筋肉の使い方などによっても貧血を引き起こす可能性があるわけです。なので「適度な力・速度で動く」というコロロの療育はとても重要だと感じています。

歯は大切にしましょう

施設生活での楽しみは、やはり食事。みんな毎回心待ちにしています。お誕生日会やクリスマス会、先日は大きなステーキが出て大喜びでした。利用者さんの中には様々な原因で歯を失っている方がいます。歯が無い（少ない）方には、個々に適した食形態で対応（一口大や刻み、ペーストなど）していますが、一般的に歯がないと、胃腸への負担（食物のすりつぶし能力が減り胃腸へ負担がかかる）が大きくなるだけでなく、むせやすい（噛み合わせがないと飲み込みがうまくいかない）など様々な弊害がでてきます。そこで、入れ歯の使用を試みますが、多くの方は違和感から口から出してしまったり、今まで噛めていたのに噛めなくなってしまったりと、入れ歯の役割が果たせません。現在入れ歯を使えている人がいないのが実態です。

学園では毎週歯科衛生士の方による口腔内チェックをしています。開所当時は、寝ころび口を開けることさえできない方がたくさんいたようですが、積み重ねの賜物で（受け身行動のトレーニングの効果もあり）、今では歯を磨いてもらう間、静かに口を開けている姿勢が取れるようになりました。しかしスケーラーという歯石をガリガリ落とす金属の棒を見ただけで、抵抗をする方も若干ですがまだいます。とにかく歯のトラブルが見つかった時には早めに受診していますが、診察台に座っていられず全身麻酔を選択することもあります。

「歯が無い」と食事形態を落としていくことになり、そうするとやはり体力的にも衰えが速くなるように感じています。「しっかり噛んで食べる」この基本の動作は健康には欠かせません。何より彼らにとって食事は、目をキラキラさせる大切な時間です。どんなにペーストをお魚の形にしても、魚とは認識できない彼らのことを思うと、1本でも多く歯を残すために毎日の口腔ケアが重要だと思います。また、入れ歯を作った時に接触的な違和感に慣れることができるよう、日頃から様々な刺激に慣れておく必要も感じます。

病院受診の体勢づくり

前述した外傷性白内障で「なんだかいつもと違って怒りっぽいな」「どうして座り込んでしまうのかな」というような感覚は、長く一緒に生活しているからこそ、違和感として感じられることです。本人に問いかけても訴えられなかったり、言えても痛みの程度や部位まで正確には言えません。なので、そのままにはしておけないと思う時は、当園では積極的に病院受診をするようにしています。

障害者が一般病院を受診するということは、待ち時間の長さや病院の雰囲気、音、臭い、痛いことをする場所という記憶などハードルが高く、騒いでしまったり、医師の質問に答えられなかったりするので、付き添う支援員も実はとても緊張します。その挙句結局「様子みて何か変だったらまた来て」とおざなりな対応をされてしまうことも少なくありません。

　学園のいきつけの病院は瑞学園をよく理解してくださり、「自分で言えないもんね。でも「いつもと違う」と「いつも見ている職員さん」が言うのなら一通り検査してみましょう。」と詳しい検査をしてくれます。そのような対応のおかげで病気が判明し、緊急で大きな病院へ転院をし早期治療ができた事例もありました。このように病院側に理解して対応してもらえるまでには努力が必要で、決して一朝一夕ではできません。日頃からのお付き合いが大切です。園では病院受診の際は支援員が付き添いますが、日頃から病院でスムーズに検査ができるための練習（毎回の健康診断や予防接種、嘱託医の診察など）をしていざという時に備えています。

　診察されること（触られる）、注射されること（針をさされる）、検査されること（シールをはられる、動かないでいられる）ができるかどうかは、病気の発見という面において、命にかかわることにもなりかねません。理解がある病院ばかりでは無いからこそ、診てもらう側はできるかぎり診察台では静かに受け身姿勢を保持できるようにしておきたいものです。

療育病院の定期受診を続けること（止めないこと）

　どなたも療育病院を一度は受診しているかと思いますが、その後必要を感じずに一度行ったきりになっている方はいないでしょうか？療育病院は今後障害年金を申請する時の診断書作成や、体質の変化により服薬の必要性が出てくることもありますので、できれば関係を切らずにいて欲しいと思います。学園では基本的にあまり服薬を勧めていませんが、最近年齢が上がり体質が変化したことで、医師と相談の上服薬の調整をしたら効果があり、本人も楽になるケースが増えています。楽になっている様子を見ると、服薬の必要性を感じます。こうした変化をみると、長く診てもらっているかかりつけ医は必要だと痛感します。変化の理解をしてもらうには、変化の前段を知ってもらっている必要があるからです。私たち看護師、支援員はこの変化を分かってもらうことにとても苦労をします。医師の診断書は、様々な折りに必要です。今必要がなくても、かかりつけ医に定期的に診てもらうことは重要です。

　今できることをおざなりにしていると、年齢を重ねた時に大事になって病院のお世話になることになるでしょう。健康であることは生活の基本であり、それが崩れることによって療育もできなくなります。この文章が、より長く健康を維持するための働きかけを考える、きっかけになることを切に願っています。

研究報告

反芻の理解と対応

明海大学歯学部名誉教授　渡部　茂

1．反芻とは

皆さん反芻を御存じでしょうか？反芻を辞書で引きますと「①牛、羊、鹿・ラクダなどが一度飲み込んだ食物を、また口に戻してかむこと。②記憶していることを繰り返して、味わったり、考えたりすること。」とあります。①は草食動物の話です。草を構成しているセルロースや細胞質成分は特殊な微生物（細菌と原生動物、菌類）がなければ消化吸収できません。草食動物はそれらが豊富に存在する胃（4つあるうちの第1胃）と口を何回も食べ物を往復させて、発酵・消化を行います。②は私たちが普段よくやっていることです。しかし本稿で取り上げますのは①②のことではなく、ヒトが草食動物と同じようにいったん飲み込んだ食べ物をまた口に戻して咀嚼した後飲み込むという反芻です。この反芻、ヒトはなぜ行うのでしょうか?.反芻の実態、その問題点、対策などについて解説いたします。

2．反芻の社会的認識

社会一般に反芻はいつごろから認識されていたのでしょうか？最初の臨床的記述は1618年。牛のように反芻を行う人がいたので、その人が死亡した後検死を行い、複数の胃があるかどうかを確かめた。というイタリアの解剖学者による報告があります（Parry-Jones.British J of Psychiatry, 1994）。その後1900年初頭まで、反芻はヒトの退化的現象としてとらえられ、ショーやサーカスの見世物としての報告があります（Menolascino. J Autism &Child Schizophrenia, 1972）。本格的な研究と治療は1950年以降になってからで、医療、精神医学、行動療法学を中心にいくつか報告がみられます（Davis. J Music Therapy,1983）。

では現在では医学的にどのように定義されているのでしょうか？米国精神医学会での反芻性障害診断基準（2002）では反芻を次のように定めています。「少なくても1カ月間食物の吐き戻し、噛み直しを繰り返す。この行動は消化器系または一般身体疾患（例：食道逆流、食道裂孔ヘルニア）によるものではない。症状が精神遅滞、または広汎性発達障害の経過中に起こる場合、その症状は特別な臨床的対応が必要となる」。国際消化器病学会の反芻症候群診断基準（2006）では、「胃運動麻痺患者と異なり食後数分以内に胃内容物の反復逆流が始まる。そして食後1～2時間持続する。逆流物は認識可能な食物からなり、患者にとってしばしば良い感じの味覚がある。通常むかつきや嘔気はなく、逆流の前に腹直筋の活発な随意収縮が先行する。口咽頭に逆流物が到達するまで、意識的に逆流を決定できる。逆流は容易であり、咽頭で逆流、またはげっぷの後に食物の出現が起こる。その選択は、その時の周囲の状況に依存する可能性がある」。とあります。

精神遅滞、広汎性発達障害には臨床的対応が必要となるとありますが、一般の健常者にとっては病気としての記述はありません。

そこで重症心身障害者の反芻についての報告を調べますと、①精神遅滞者入所施設で反芻を有する人が８％にみられた（Rast J. etal, Am.J.Clin. Nutr.42:95-101,1985）。②精神障害者を入所する3施設（６７４名）で８・２％にみられた。（吉江ら、障歯誌、11：１１９、１９９０）。③大学病院受診中の自閉性障害者の14％にみられた（Klein U etal, Spec. Care Dent.19:200-7,1999）。④３４９人の知的障害者中、毎食後反芻を行っている者は29人（１・７％）にみられた（林ら、障歯誌、21：２０００）。などと報告されています。しかしこれらの報告は反芻者の数などの調査が中心でした。

3. 反芻の実態報告

私は40年近く障害を持つ人たちの歯科治療を行ってきていますが、障害を持つ人に反芻を行う人がいることについては昔から知っていました。しかしこの反芻についての実態についてはほとんど研究が行われていないことを知り、昨年日本障害者歯科学会委託研究を申請し、全国知的障害者関係施設・事業所名簿２０１５より１９２４施設に対し反芻に関するアンケートを送付し、反芻の実態調査を行いました。その結果、回答を得られた７８９施設（回収率43％）・男性：２７,６６１名、女性１８,２２７名、計４５,８８８名の集計では、反芻を行う人は７５３名（１・６％）（男性６０５名、２・２％、女性１４８名、０・８％）でした。障害の種類では、重複しますが、精神遅滞のある人が６２０名（８５・４％）と最も多く、その中で自閉症者が３６８名（５０・７％）でした。反芻は食べ終わったすぐ行う（５４・４％）が最も多く、食べてから20～30分してから行うが３６・５％、常に行っているが２３・２％でした。口腔内の状態については口の中がいつも汚れている（３４・５％）、歯がすり減っている（２６・６％）、齲蝕が多い（２４・０％）一方、上記の症状は見られないという反芻者は３７・８％でした。

アンケートにお答えいただいた施設からは、反芻についての情報がほとんどない、減らす方法、やめさせる方法、対応法についていい方法があったら教えてくださいという手紙が多く添えられていました。

4. 反芻に対する対応

1）ヒトはどうして反芻を行うのでしょうか?

金魚を飲んでまた金魚鉢に吐き出すというのを以前テレビで見たことがありますが、反芻を行うのは障害を持つ人に限らず、ヒトが持つ一種の特殊能力のようです。反芻のできる健常者に聞きますと、反芻はその時の気分に関係なく意識的にいつでもできるとのことです。特に、落ち込んだ時とか、気分のすぐれない精神状態にある時とかということには関係ないとのことです。では障害を持つ人たちはどうなのでしょうか?

本などで少ない情報を調べますと、「自己刺激行動」の一種として行う。自己刺激行動とは自閉症、知的障害、統合失調症、認知症などにみられる自傷行為、感覚遊び、常同行為（常同化した場合）で、頭や顔を叩く、自分の腕や指を噛む、手足をひっかく、歯ぐきを傷つける、爪、唇を噛むなどを言います。…では自己刺激行動はどのようなときに起こるのでしょうか? コミュニケーション困難、初めてのことなど対処方法がわからない、感覚麻痺、感覚過敏等の症状として、偏食・異食・唾吐き・嘔吐・反芻…等が生じてくるとあります。これらの記述からすると、反芻は、何か生活上のストレスなどが重荷に感じるようになって、その解消法として出現してくるとも取れますが、本人たちに実はどうなんだと聞いてみたい気がします。私が感じるには、案外そういうのとは関係なく、たまたま反芻ができるばっかりに、周りを気にせず、ついげっぷを連発するような感覚でやっているという風に答えるのではという気がします。

2）反芻による二次疾患

反芻を行って害はないのでしょうか?これについては、障害を持っているがゆえに、2つ考えられます。

①胃疾患

反芻者の多くには胃食道異常が認められるという報告があります。例えば、胃腸内視鏡検査の結果、反芻者の50%に食道逆流症および食道炎がみられた(Kuruvilla. Bri. Med. J: 1989)。3例の反芻者の内視鏡検査で全員に逆流性食道炎、22名に食道裂孔ヘルニアが認められた（水野．日重症心身障誌39、2014）。との報告がみられます。健常者では検査を行うことは簡単ですが、知的障害があるとそうもいきません。反芻は精神医学会が提唱しているように、障害を持つ人にとっては臨床的問題が生じるとありますので、反芻を摂食嚥下の障害として取り上げ、定期的な検査を行うことが必要と思われます。

②口腔疾患

反芻者のDMF指数（う蝕罹患率）は著しく高く、臼歯部に咬耗が多くみられる（石黒ら、愛院大誌、27,331,1989。とありますように、反芻者の口腔環境は反芻を行わない人に比べて劣悪なことが特徴です。pH1~2の塩酸の混ざった食べ物が口腔に逆流するわけですから当然です（図1）。私達の行った調査でも同じような結果が出ています。しかし一方では、これらの特徴が見られない反芻者も37.8%いたということは、本人の反芻の程度、周囲の人たちの反芻者への口腔衛生指導の関与が関係していると考えられます。

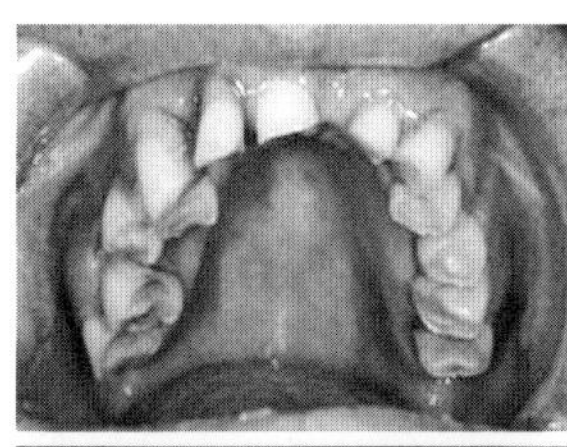
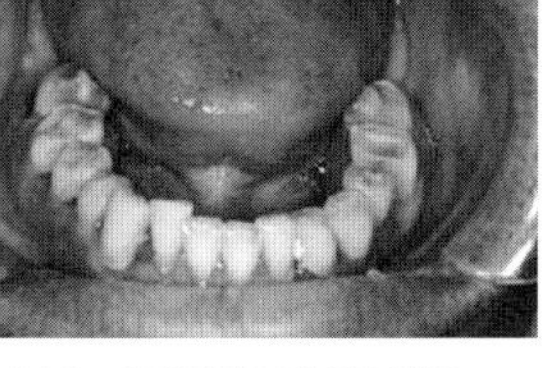
図1. 臼歯部の咬耗が著しい

3）反芻を減らす対策

障害を持つ人の反芻を完全になくすことが不可能であればその頻度を少なくすること、そして口腔のケアーについては、ほかの人とは違った、一段レベルを上げた対策を講じることが望まれます。そして胃検査についても定期的に行うことが求められます。

反芻の回数を減らす対策としては、強制的対応は行わない、薬物的対応は行わない、生活の中で受け入れられる対応を行うことを原則とします。

各施設でもいろいろ考えて実行されているようですが、なかなかうまくいかないということを耳にします。そこで本稿では瑞学園で行われていて比較的良い結果が得られている方法についてお示しします。

この方法は、食事を早く食べた場合とゆっくり食べた場合とでは、ゆっくりの方がその後の反芻の回数が少ないことに着目した方法です。2人の反芻者に対して一人の介助者が付き添って食事介助を行います。食べ物をスプーンで反芻者の茶碗に一口ずつ取り与えて食べてもらうというやり方です。反芻者はそれを自分で口に運び、よく噛んで飲み込んで口の中に食べ物がなくなったら2口目が茶碗に置かれ、それを食べるという連続で食事をする方法です。自分で自由に食べれば5分くらいで終わってしまう食事時間が約15分くらいになり、ゆっくりと味わいながら食べる習慣を作ります。そうすることで食後に行う反芻の回数が、食後1時間で、以前は約5～6回あったのが2～3回に減らすことができるようになりました。

5．まとめ

障害を持つ人の反芻は、一般生活上のしつけや習慣、例えば排泄、手や顔を洗う、入浴、衣服の衛生、思春期性の問題、等と同じように考え、特別な対応を考えてあげることが必要です。彼らにはゆっくり食事をしてもらい、食後の歯磨きは1回では不十分です。30分間隔で3回は磨いてあげましょう。定期的歯科健診も1カ月に1度くらいの間隔にしましょう。胃の検査も1年に1度は必要と思います。そうしてあげれば通常と変わりない生活が送れるようになるものと思います。

反芻の悩みを相談して、答えが返ってくることはまずありません。渡部先生から学園に調査依頼があり、アンケートを出しはしましたが、期待は実はなかったのが本当のところです（申し訳ありません!!）。

ところが、渡部先生はまず、支援員の話をじっくり聴かれ、実際の食事場面を時間をかけて観察され、その分析結果はすぐに学園に届けられました。その研究者としての姿勢にまず感銘を受けました。そして、学園で試行錯誤して辿り着いた対応法が、現在に於ける最良の方法だとの結果は、私たちの安心と自信となり、報われる思いでした。力強い味方を得たようであり、出会いに感謝です。

（コロロ学舎統括施設長　久保田小枝子）

連載

お手伝いの教え方
―調理③―

コロロ杉並教室　支援課長　鹿児島　祐之

サラダ、カレーライス

前回までは、包丁などの刃物を使わなくてもできる調理を紹介してきましたが、今回は、いよいよ刃物を使っていきたいと思います。

大事なことは、刃物は危険な物であるということを大人がしっかりと意識することです。つまり、包丁などを使う時は、勝手に使わせない、介助を素直に受けられなければやらせない、けがをさせない、ユアペースで調理を行うようにする、ということが基本です。

今回は、ピーラーと包丁の使い方について、先にお伝えしたいと思います。

ピーラーの使い方

野菜などの皮をむく時は、包丁よりピーラーの方が安全で教えやすいです。じゃがいもの皮なども、私はピーラーでむくように教えました。

ポイントは、次の2点です。

①最初に刃を食材に食い込ませること

②同じ場所をむき続けないように、左手（補助手）で食材を回しながらピーラーを使うこと

①に関しては、ピーラーの持ち手を上から介助して持たせ、最初に引っかかる感覚を教えていくことで、うまくできるようになることが多いです。また、ケガをするのは補助手の近くから皮をむこうとした時に多いので、最初は2／3くらいから向くようにして、ひっくり返して反対側をむくように教えていくと安心です（図1）。

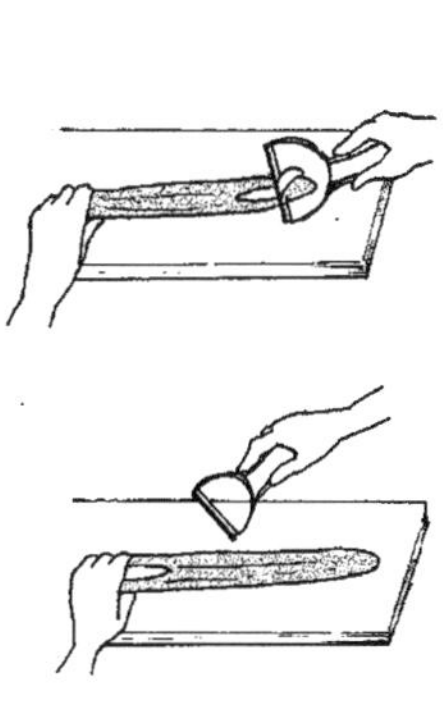

（図1）

②に関しては、最初はきゅうりがお薦めです。濃い緑がむけると鮮やかな黄緑が現れ皮をむく感覚が分かりやすく、長く皮をむくことができるので、最初に練習する食材としてはベストです。むいた皮も切ってサラダに入れても良いですし、同じ場所をむき続けてもサラダにしてしまえば良いので、ぜひやってみてください。最初のうちは補助手で食材を回すのは介助してあげましょう。サ

ラダにはあまり使いませんが、ナスもピーラーで皮をむく練習に向いています。色が変わるので分かりやすいのです。

次にやりやすいのはニンジンです。これは色の変化があまり無いため、食材を補助手で回しながらむけるようになると、きれいにむけた後もむき続けてしまうことが多いので注意してください。じゃがいもは凸凹しているため少し難しいので、最初はメークインを使うと良いでしょう。細長く、表面がごつごつしていないので、男爵などと比べるとむきやすいです。私はじゃがいもを使う時にはいつもこれを使うようにしていました。

包丁の使い方

当たり前ですが、包丁は刃物であり、扱い方に気をつけないとケガをしてしまう道具です。使えるようになれば便利ですが、取り扱いにはかなり注意が必要です。私は、まな板の奥側に刃先を奥に向けた包丁の絵を用意し、その上に包丁を置かせるようにしました。切ったら絵の上におくパターンをつけるとかなり安全です(図2)。

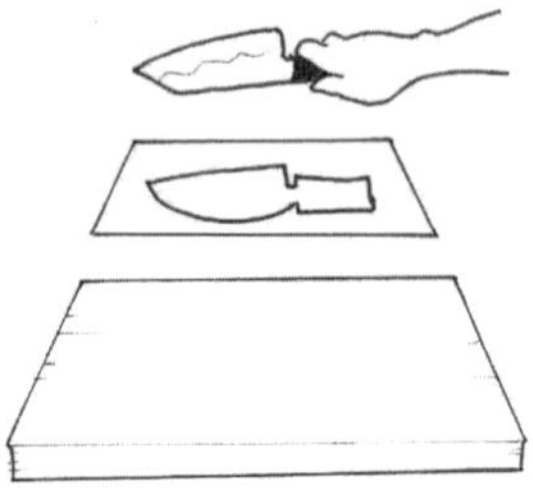

(図2)

また、ピーラーもそうですが作業台の高さも重要です。今は市販の物でもキッチンの高さを選べるものが出ていますが、やはりやりやすい高さという物があります。立った時に作業台が肘位の高さになるように電話帳などを台にして高さを調整してあげてください。台の上に乗り、気をつけをしてから作業を行うパターンが身につくと、教えやすくなりますよ。

それから、包丁の大きさも気をつけてあげましょう。小学生ですと家庭で普段使っている包丁は大きい場合が多いので、できれば少し小さめの包丁（子供向け包丁）をお薦めします。果物ナイフなどで行う場合もあるかと思いますが、やはり切れやすさが違います。切れる包丁の方が無駄な力を入れなくて済むので、結局安全ですよ。

補助手は「たまごの手」（図3）が基本です。第一関節と第二関節の間に包丁の横の部分が当たるようにして切らせますが、最初は親指が伸びやすく危ないので（図4）補助手の上から大人が手を覆うようにかぶせて練習するようにしましょう。

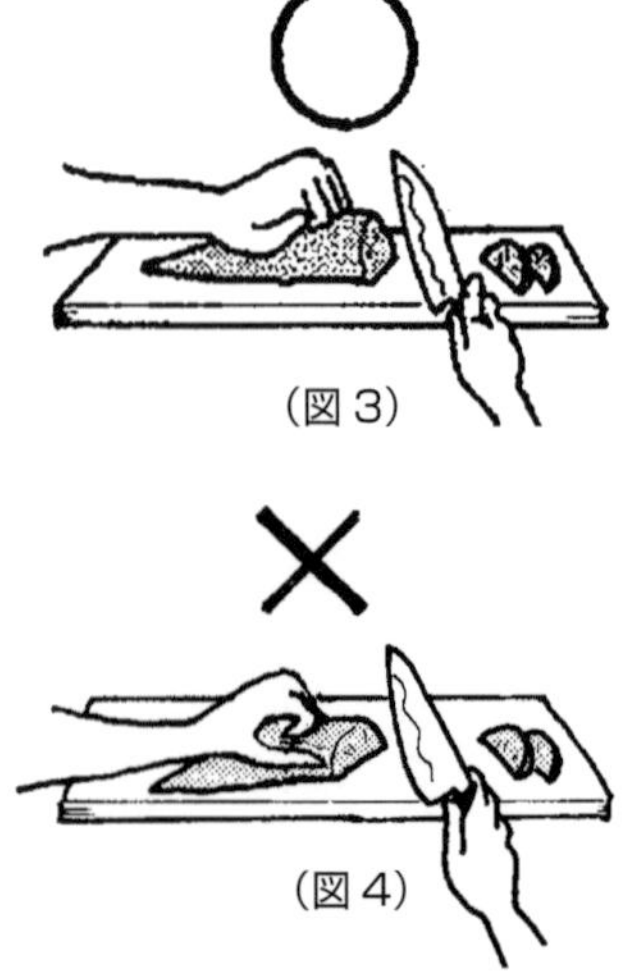

(図3)
(図4)

こちらも最初はきゅうりが切りやすいですね。ニンジンやじゃがいもなどを切らせるなら、最初に縦に半分か１／４にしたもので切ると転がらないのでやりやすいです。お肉は、結構柔らかく切りづらいものです。そこで、パーシャル室に入れて半冷凍状態にしたものを切らせるとかなりやりやすくなります。是非お試しください。

サラダ作り

①野菜を洗う

前回（１４６号）を参考にしてください。

②指先を使ってちぎる

レタスはちぎりやすいので、キャベツ同様指先の使い方の練習になります。左右に引っ張るのではなく、ひねる用にちぎらせましょう。上手くできない時は介助して左手の動きを止め、右手首をひねってちぎる動きを教える所から始めましょう。ミニトマトのへた取りも指先の使い方の練習でお薦めです。上手くできない時は、やればできるという体験をさせる為にも、トマトの実を大人が持ち、お子さんにへたを持たせ、お子さんの引っ張る動きに合わせて少しトマトをひねるようにし、取れた感覚をつかませるようにしましょう。

③野菜の皮をむく

まずは、ピーラーでむきましょう。大根もピーラーで大丈夫です。「ピーラーの使い方」を参考にしてください。

④包丁で切る

「包丁の使い方」にも書きましたが、最初はきゅうりがお薦めです。切りやすいし、切れる感覚も掴みやすいです。円柱状や球状の食材(きゅうり、ニンジン、じゃがいも、玉ねぎなど）は転がりやすいため、先に縦に半分か１／４にしてから切ると、食材が転がらず切りやすくなります。基本はやりやすい状態から練習することです。

余談ですが、咀嚼が続かない場合に野菜スティックを食べさせるようにしたことがあります。ある程度の固さがあり噛まないと飲み込めないので、咀嚼の練習に向いていますよ。

⑤盛り付け

ちぎったり切ったりした具材を種類ごとに分けて並べます。他にも載せたいサラダの具材があったら、先に用意してこの時に並べていきましょう。お皿を持ちバイキング形式のようにお皿に取っていくことを練習する事で、普段のバイキングでも役に立ちますし、今後の様々な調理の時にもスムーズに進めていくことが出来るのでやらせてみてください(図５)。

（図５）

カレーライスの作り方

カレーの良さはルーを替えれば、クリームシチュー、ハヤシライス、肉じゃがなどアレンジがしやすい所、苦手な子も少なく、喜んで食べる子が多い所、材料も色々と替えやすいので取り組みやすい所などがあります。またニンジンなど苦手なものがあるときも、おろして煮込んでしまえば食べてしまう場合が多いので偏食の改善にも使えます。

では、本格的?な調理の手順として以下に書いていきましょう。

①支度を整える

以前の発プロ（145号）でも書きましたが、エプロンをつけることにより「これから調理をやるよ」という心構えが出来るので、必ずエプロンをつけて、手をハンドソープ(石鹸）で洗い、椅子に座るか、立つ場所を決めて立たせるかをしましょう。指示を待って教わる体勢を身につけられれば、今後色々な場面で指示が通りやすくなるので楽になりますよ。

②野菜を洗う

ニンジン、じゃがいもなどを洗います（146号を参考にしてください）。

③皮をむく

具材で玉ねぎを使う時もあると思いますが、玉ねぎの皮むきは分かりやすく、指先の使い方の練習にもなります。縦半分にした玉ねぎの上下の部分を切り落とした状態で渡し、茶色の部分だけむかせるようにしましょう。目を離すとバラバラにしてしまうので気をつけてください。他の具材は「ピーラーの使い方」の部分を参照してください。

④包丁で切る

こちらも「包丁の使い方」を参照ください。最初は全介助で行いましょう。ここでケガをさせたら包丁に触れなくなることがあるので、気を付けましょう。肉は、火が通りやすい細切れ肉などを細いかまぼこ型に形成し、半冷凍状態にしておくと切りやすいです。

⑤野菜などを炒める

玉ねぎはフライパンであめ色になるまで炒めるとおいしい、なんて言いますが、調理学習をさせていた時は手順を少なくするためにあえてお鍋で野菜、肉を炒めて、そこに水を加えるようにしました。

⑥お鍋に水を入れて煮込む

お鍋に水を入れるときには、計量カップとやかんを使うと入れすぎることもなく、いろいろと応用できます。計量カップにやかんから水を注ぐようにして、必要な回数だけ入れるようにしましょう。一緒に回数を数えてあげても良いですが、数の概念がまだ確立されていない場合は、分かりやすくするためにやるべき回数分の磁石などを移動させる等して、磁石などがなくなれば終わりとしても良いでしょう。

⑦カレールーを入れて煮込む

ルーを入れると色が変わり、香りもたつので注視が高まる場面となります。ルーを割って入れていく時は、静かに入れるという点も注意していきましょう。あとは煮込めば完成です。出来上がったら大人がおいしそうに味見をすると注視も凄く高まるので、その後に味見をさせてあげても面白いですよ。

⑧ご飯をよそいカレーをかける

親指をお皿の縁にかけるように持たせてご飯をよそいます。上からカレーをかけるのですが、たまにカレーのお鍋の表層しかすくわない場合もあるので、その時は、具もすくえるように介助してあげてください。

⑨テーブルに並べる

テーブルに家族分のカレーやスプーンなどを並べるところまでやってみましょう。ちょっとしたお手伝いになります。置く場所が分かりにくい時はランチョンマットの代わりに色画用紙を用意し、お皿やスプーン、お箸などの置き場所を円や長四角で示したものを用意してあげると、おしゃれでしかも分かりやすいですよ（図６）。

ここまでできたらエプロンを外して所定の位置に戻させ、「よくできました」とほめてあげれば終了です。

チェック表を参考にしてみてください。

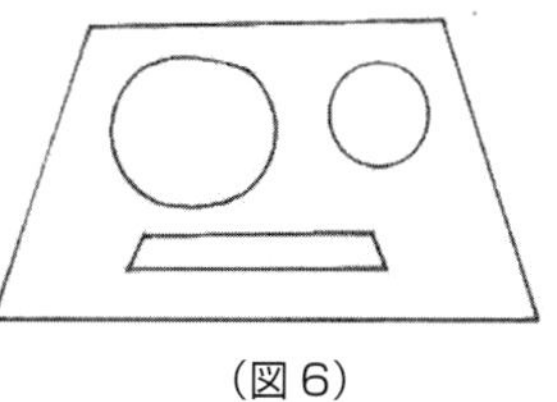

（図６）

調理③　チェックリスト

ピーラーの問題点	練習方法	正しいピーラーの扱い方
□左手で食材を押さえられない。 □ピーラーの刃を皮にくいこませられない。 □同じ場所をむき続ける。	・抑える左手を上から介助してピーラーが動いても離さないようにする。 ・最初に刃をくいこませるところ（力加減と場所）を介助する。 ・補助手で食材を回す動きを介助する。	□左手で食材が動かないよう押さえることができる。 □手を怪我しないようにピーラーで皮をむくことができる。 □食材を左手で回しながら皮がむけていないところを探してピーラーを使うことができる。
包丁の問題点	**練習方法**	**正しい包丁の扱い方**
□包丁を勝手に触る。 □補助手で食材を押さえられない。 □左手を切りそうになる（食材を押さえる手の親指が伸びてしまう）。	・包丁の置き場所を決め（包丁の絵の上に置かせる）、切る時だけ触り、切り終えたら刃をむこう側にして置くよう教える。 ・食材が転がらないように、平らな面が下になるよう加工してから切る。 ・補助手を卵の手にして食材を押さえる形を、手の上から包み込むように介助して教える。 ・補助手の指の第二関節から第一関節の所に包丁の横を当てて切っていくよう練習する。	□包丁は勝手に触らずに大人と一緒の時だけ触らせる（火も同じ）。 □補助手で安全に食材を押さえることができる。 □包丁で手を切ることなく食材を切れる。
調理の問題点	**練習方法**	**正しい過ごし方**
□指示を聞かずに勝手にやろうとする。	□指示を聞けない場合はやらせないという選択肢を選ぶ勇気も必要。	□刃物や火の扱いには十分な注意を持って取り組む。

連載

コロロ成人施設の現場から

このコーナーでは、コロロ学舎の知的障害者施設から、日々のエピソード・支援員の声をお届けします。

五乃神学園編

「風の夢コンサート」に寄せる思い

五乃神学園支援課長　松井　英晃

今年の「風の夢コンサート」も盛況のうちに幕を閉じました。たくさんのお客様に足を運んでいただき本当に嬉しく感謝の気持ちでいっぱいです。五乃神学園は2つのパートを担当しましたが、ステージに上がっている身としても、なかなか良い出来だったのではと感じています。（コンサートの様子は表紙裏の写真をご覧下さい。）

毎年12月にテーマが決まり、各パート担当が1月に構成を練りますが、演技の練習が本格化してくるのは本番2週間前くらいからです。本番までの各パートの練習は全体練習を入れても5～10回といったところ。利用者とスタッフ合わせて150名ほどの大きな集団が、たったこれだけの練習で一つのテーマに沿った演技にまとまっていくというのは、参加している私たちから見ても毎回驚きです。

「ハーモニーキッチン」というテーマで繰り広げられた今年のコンサート。ステージだけを見ているとあまりわからないかもしれませんが、出演している方は重度の方から軽度の方まで様々です。ステージに上がるまでの過ごし方で、ベストの状態でステージに上がることができるかどうかが決まってきます。スタッフは利用者の皆が一番良い状態でステージに出られるよう、出番寸前までさながら綱渡りのように調整をします。例えば複雑な日課だと混乱しやすい利用者Aさんは、午前のリハーサルには参加せずぶっつけ本番で舞台に上がりました。スタッフは怖くてそんなことできませんが、Aさんは緊張なんてどこ吹く風、満面の笑みで演技をしていました。こういう場に立つと利用者の逞しさをより一層感じることになります。

今年の舞台を袖で見ながら「こんな舞台はコロロ以外では成し得ないな」と心の底から思いました。普段から自分以外の誰かと何かをするということを積み重ねているからこそ、スタッフと利用者が一つの大きな集団になり見ている観客を感動させるクオリティのものが生まれるのだと思います。きっとそれはコロロをまだ知らない人にも届くはずだと信じていますし、届いてほしいなと願います。

瑞学園編

高機能自閉症者の人間関係

瑞学園支援員　北田　綺子

グループホーム担当になって5年。現在4ユニット21名の寮生さんの生活をサポートしていますが、一人一人とてもユニークでエピソードに事欠かない、笑いと涙の日々です。が、人間関係の「モメごと」といえばやはり高機能タイプ5人の面々です。

何事も起きない平穏な時、彼らは自室やラウンジで読書やTV、手芸や検定に向けた勉強とそれこそ自由に過ごします。そんな時私も「青春を楽しんでいるなぁ…」と嬉しくほっこりしてしまいます。ところが、この穏やかな空気が一瞬で破れてしまうことがあるのでやっぱり気が抜けません。キッカケはいつも実に些細なことです。例えば、お風呂の順番が「私が先に入るつもりだった…」、「知らないよ」と言われたことが勘にさわり「○○さんは全く聞く耳をもたない！」と怒り出す…。その都度まあまあと仲裁するのが私の仕事ではあるのですが、できればモメごとは避けたいのが本音です。

5人の中でSさんとYさんは相性が良くなく、相手を見ただけで表情が険しくなります。そんなに嫌なら離れていれば良さそうなものを、なぜか2人が磁石のように近づいてしまうことにある時気付きました。「自分では避けられないのだ」と気付いた私が「相手から1m以上離れて動きましょう」と提案してみると、案外スンナリと2人は納得し、それぞれ相手の位置を確認して動けるようになっていきました。このとき私は「相性の良し悪しは誰にでもあることだし…別に仲良くならなくてもいいから、トラブルにならなければいいかな…」くらいに考えていました。

ところが、その二人の仲があることをキッカケに激変したのですから驚きました。実は2人には「写真を撮る」という共通の趣味があり、いつも自前のデジカメで撮影し、私に現像の依頼をしてきていました。もちろん別々に、です。ところがある日、Sさんが「2人別々に頼むと先生が大変だから一緒に頼みませんか？」とYさんに提案し2人揃って私の所へやってきました。（私そんなに面倒そうな顔をしてた？）Sさん曰く「同じ所へ2回行くのはお金と時間のムダ」との理由。なるほど！理由はどうあれ一度で済むなら私は助かります。有難く引き受け、翌日、出来上がった写真を届けました。すると2人は早速その場で写真を広げ、どちらからともなく互いの写真を見せ合い、ついには写真交換までしたのでした。この日をキッカケに2人はちょくちょく写真を見せ合うようになり、その流れで2人キッチンに立ち片付けをしてくれるようにもなりました。

互いの苦手感覚が少しずつ薄らいでいるように見えますが、相変わらずYさんはSさんの独り言にイライラし始めます。今では私もSさんの独り言は手持ちぶさたになった時、Yさんのイライラはその文句が自分に向けられたと思い込む時に出ると理解しています。決して相性の問題ではないことも分かってきました。「ノートラブル」状態を維持するにはこうした彼らの感覚を知り、理解した上での対応が必要です。

昨秋京都旅行をした折も、いつもは口を利かない同志が並んで立ち「先生写して！」と言ってきました。非日常の状況がそうした変化をもたらしてくれます。初めからムリと諦めていた私としては大反省です。些細なことで怒り出す彼らは、些細なことで「仲良し」にもなり得るのです。だとしたら、ノートラブルを目指しつつも「仲良し」になるキッカケ探しが、人間関係を育むためにとても重要だと考えるこの頃です。

デイサービスの現場から

二人三脚の支援を目指して

たんぽぽ療育教室　住吉由貴子

埼玉県さいたま市の、見沼田んぼが広がるのどかな田園風景の一端に、二列になった集団が颯爽と歩いている光景を見ることができます。私たちたんぽぽ療育教室の、戸外歩行の活動です。

当教室は、定員各10名の2教室（たんぽぽ療育教室・たんぽぽ療育東教室）を展開し児童発達支援や放課後等デイサービスを利用している子供達に、コロロメソッドの考え方を取り入れた集団療育を提供し支援をしています。ここでプログラムの流れを一部ご紹介します。放課後、学校や幼稚園からお迎えをした送迎車が教室に到着すると、子供達が次々と降りてきます（我先にではなく、既にここから一人ずつ順番に）。スタッフの指示や介助でお友達と手を繋ぎ、二列の隊列を形成していきます。靴の左右や友達同士の相性等を確認、すぐに戸外歩行へ出かけます。季節の花々が咲く遊歩道で、子供達が静かに歩く姿はとても和やかに見えますがその実は、スタッフが手に汗握りながら、子供達の意識レベルが上がるよう、集団感応ができる環境作りや個々の課題に対応した支援に取り組んでいます。顔を上げ目を使いながら歩いてもらったり、ペッタン歩行のパターニングで重心後退を減らし、体幹支持のできる周期を伸ばしてもらったりしていると、あっという間に1時間のコースを歩いてしまいます。その後は教室に戻り、寺子屋方式での学習がスタートします。ここでも子供達個々に合わせた目標を作り、発語や新しい概念の獲得を目指し課題に向かっています。園児が3対3の線結びをする横で、学齢のお兄さんが言い書きに挑戦。連続で成功できた時は隣で様子を伺っていた園児もどこかほっとした表情でお兄さんを見ているということもありました。他にも週のプログラムによってDR・行動トレーニング・集会にも取り組んでいます。こうして子供達に、お家に帰るまで頭と体をフル回転して過ごしてもらう環境作りに尽力しています。

子供の成長は家族と共に

当教室の特徴は、療育時間外の姿、例えば帰宅後の様子も大切にしていることです。落ち着いて過ごしているか、反応格差により家庭で問題行動をしていないか、ご家族からお話を伺う時、スタッフは少々緊張

デイサービスの現場から

していることも…。逆に指示行動の幅が広がった、コミュニケーションギャップが減ったと嬉しい報告を頂き、胸が熱くなる時もあります。このようにご家族とお子様の状態や成長した箇所を共有しながら、課題の見直しと更新を進めています。子供達の成長をスタッフと間近に感じてもらうことで、ご家族の家庭での過ごし方や彼らへの接し方がより良いものとなるきっかけになればと思っています。家庭と二人三脚の療育で、お子様が穏やかに生活できるようになったとの声もいただきスタッフの励みになっています。長年、当教室と共に療育をしてきたO君のお母様から当時の様子をお話頂きました。

O君は小学校2年生から当教室の療育を始め、まず連携の成果が見えたのは名詞書字でした。教室で理解できた名詞を報告し、家庭ですぐに強化する。この様に書字学習を進めていると、5本の鉛筆を10日で消費してしまった時期もあったそうです。こうした連携を進めていく中で印象深かった出来事が、O君が概念に気付くことができた瞬間を、お母様も捉え共有することができた事でした。共に療育をしていなかったら、概念学習の方法がわからなかったと振り返られていました。この体験を経て、お母様もパターニングの幅を広げていきました（DR・水泳での細かい体の使い方等も）。また、同じ目標に向かいO君の発達を支えていけた事は心強かったそうです。反応格差で力籠りが出る時も、調子の良い時も適切に状態を伝えることで、家庭での過ごし方を調整することができました。

逆算の視点

私たちは子供達の今を支援する事もさることながら、未来へ向けた支援の在り方も重要視しています。子供達は学校を卒業した後、大変厳しい社会の中で生きていかなくてはなりません。彼らができる限り豊かに、実りのある生活を地域で送ってもらうために、今、どんな目標をクリアしていかなければならないのか、将来像を思い描きながら個別支援計画を作成しています。彼らが大人になってもコロロメソッドの掲げる「いつでも・どこでも・だれとでも」生きてゆけるように、今日の集団が視覚的にわかりやすくまとまるように、個々の課題が達成できるように子供達とその日の百パーセントの力を出しきる努力をしています。

支援に挑戦する毎日の中で、コロロ発達療育センター主催の講演会、指導者研修は私たちの励みになり明日の療育への刺激を頂いております。改めて厚く御礼申し上げます。また、貴重なお話を賜りましたお母様にも、心より感謝申し上げます。コロロメソッドの考え方に寄り添った集団療育により、さいたま市の子供達が未来により多くの道を拓くことができる支援を目指していきたいと思います。

住宅街に善福寺山出現 地名考

社会福祉法人コロロ学舎理事長
コロロ発達療育センター所長
石井 聖

東京杉並教室の周辺には坂道が少なく、階段の昇降に適した歩道橋もない。

その代わり押しボタン式の信号機が多い。舗装された平坦な地形は、初期の歩行訓練には適しているが、山道や階段がないとその後の訓練にはもの足りない。杉並教室のある中央線西荻窪駅から、実際の山がある登山道に至るには、電車に約1時間乗らないと、至らない。日々の戸外歩行にはちと遠すぎる。

そこで杉並教室周辺にも、山道とは言わず、少々の悪路が欲しいとスタッフは考えた。随所にポケットパークのような場所はあるが、完璧に整備されており、泥や枯れ葉の道など探すべくもない。私たちが目に止めたのは、片道徒歩で30～40分の善福寺公園だ。地元の人には人気の徒歩やジョギングコースである。池の周辺の歩道はまだ土の部分が多く、最近よく降る東京の雪溶けには、靴やズボンの裾が汚れる。そのような場所が訓練には欲しい。公園は上池と下池からなり、それを分断するようにバス道路が走っており、信号機が「善福寺公園」というバス停になっている。この信号機が、杉並教室を出発してからの通常折り返し地点となっており、往復1時間がコースタイムであるが、バランスのよくない遅い子が集団の中にいると、約90分はかかってしまう。メソッドの集団歩行は、遅い子供の速度に合わせて行く。遅い子は、集団感応されながら進むので、列の中ほどか後方に着く。先頭は、後ろに速度を合わせるのが、引率の鉄則。

この折り返し地点からさらに先の上池を半周する辺りに、住宅街からの舗装道路が下ってきて公園の遊歩道とぶつかる。遊歩道はかなり広い土の道だ。広い遊歩道の西側が小高くなっており、その上は、舗装道路を登り切った先で、住宅街になっている。この舗装された坂道に沿って、階段がしつらえてある。階段になっているが、土を生かしてある。階段は40～50メートル、角度は目測で25度位。池の端の遊歩道から登り、住宅街の道路に出る手前で、傾斜面を右に横切る。この傾斜面は、ソメイヨシノの老木が混在する雑木林で、いつも枯れ葉が堆積していて、濡れていても乾いていても、滑り易く歩き辛い。斜面を横切る踏み跡をさらに辿ると、下の遊歩道から上がってくる階段が二本あり、そのどちらも横切る。二本目の階段の頂点には、鳥居が立っている。そこから降り立った池の中に、弁天島が浮かんでいる。遅野井の権現が鎮座ましましている。橋がないので島へは渡れないが。鳥居をくぐらず、雑木林の踏み跡をもう少し横へ進む。やがて池畔の遊歩道へ降りる。住宅街への舗装道路も目の前だ。山腹を

住宅街に善福寺山出現　地名考

トラバースする距離は、１００メートル位。参加児童引率者数にもよるが、約60名を渡り切らせるには、10分はかかる。このコースは踏み跡はついているものの、散策コースには指定されていないので、集団で頻繁に歩くと、公園管理者から注意されるかもしれない。

トラバースというのは、直登、直降するのと違い、斜面を平行に行かなければならない。路が整備されている訳ではないので、斜めを靴底フラットに踏まなければならない。つま先歩きでは直ぐにバランスを崩す。

このトラバースする地点を、私たちスタッフは、「善福寺山」と命名することにした。名前を付けないと、登山の練習に適した善福寺公園のあの斜面、とでも言わなければならない。いやいや、□の中全てを語らなければならない。毎回毎度□の中を語らなければならない。数字だけを並べた住居表示は存在するが、善福寺山なる地名は、地図にも案内書にも載っていない。地名、特に字（あざ）とかその以下の地名は、そこで生活する人びとの必要性の中から生まれたものなのである。

地名の由来、成り立ちを考えることは、時代背景とその環境の中で生きて来た人びとの、生き抜く知恵を考証することなのである。それは民族学の対象である。市町村の合併により、由緒ある貴重な地名が住居表示から消えていくことは、嘆かわしい。コロロメソッドの用語が聞き慣れないとか、教育心理学用語辞典にないなどと、不審の声を聞くこともある。コロロタームは地名ではないが、多くのコロロ会員の方がたが全国各地で用いている生きた療育用語である。その用語を用いないとすると、毎回膨大な字句を駆使して説明しなければならない。「善福寺山」のように。核家族化が進行した今日、地域社会の概念と実態が失われた日本では、コロロメソッドは民族学の対象になりうるのではないか。

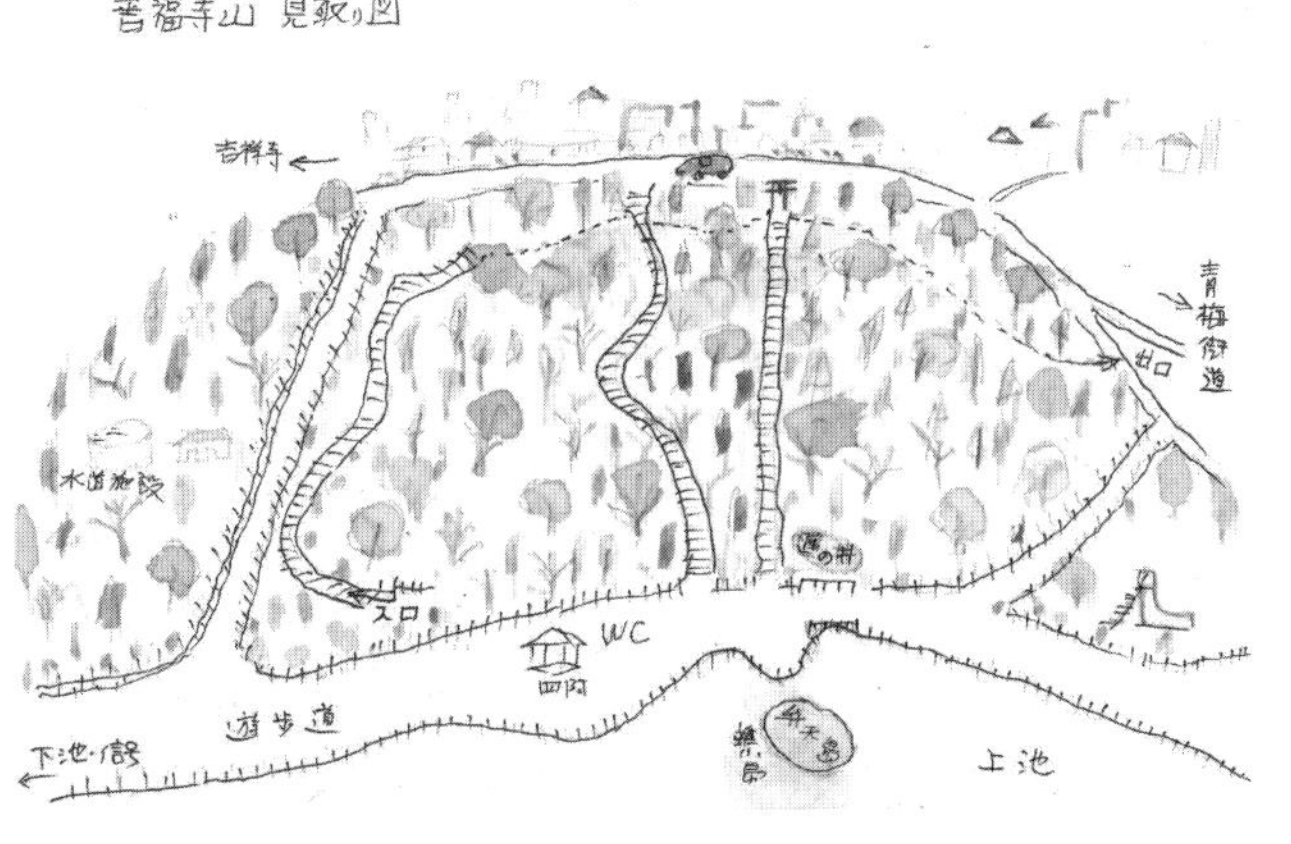

【前回コロロクイズの答え】

37:14
34:11
21:11
36:12
30:12
35:10
29:16
34:13
35:16

毎週土曜日、杉並教室に通ってくる発達障害幼児の数（左側）と、国分寺から通ってくるころろ子ども探検隊（健常児）の数（右側）です。健常児の方がはるかに少ない統合保育を、コロロの発祥時からずっと継続してきました。

子育てぶっつけ本番

コロロ杉並教室　春風さん（仮名）

〈プロローグ〉

2000年、ミレニアムベビーと言われていた頃、リナは我が家の次女として誕生しました。現在17歳、都内の特別支援学校高等部2年生です。3歳半離れた長女の子育ての反省を生かし、二番目の子はおおらかに育てたいと思っていたのですが…現実は違っていました。

〈誕生から診断まで〉

信州の長い冬が終わり、やっと暖かくなり始めた頃、リナは生まれました。当時、幼稚園の年少だった長女が覚えたての歌を大きな声で歌っていても、起きることなく寝ているような赤ちゃんでした。二番目の子は違うなと思いながら育てていたことを鮮明に覚えています。

お座りの頃

1歳頃になっても喃語がなく、「声を出さない子だな」と思いましたが、遅いだけだろうと思っていました。1歳半検診に行き、発語がないことを伝えると「耳は聞こえていますか？」と言われ、心配になり大学病院で聴力検査、脳の検査をしました。異常はありませんでしたが、市の母子教室へ通い経過を見ることを薦められました。そして2歳3か月の時、医師から自閉症との診断を受けました。診断後、「どうしたらよいですか？」という問いへの、医師の「どうすることもできない」という答えに泣くしかありませんでした。1年は悔しさ、悲しさで泣き続けていました。

そんな中、月に一回病院の作業療法に通い、週に一度、市の母子教室に通いました。母子教室はこの子だけではないと認識し、他の親と話をすることで私のストレスは軽減する一方、中に入るのを嫌がってずっと車の中で泣き続けているリナにどうしたらよいか、分からない日々でした。玩具では全く遊ばず、ベランダから物を落としたり、鉢の土をほじくったり、同じビデオを何度も見たがったり、クレーン現象で物を取ってもらったり、鏡をずっと見ていたりという行動が自閉症独特のものであるということも分からずに過ごしていました。

〈幼稚園への通園と試行錯誤の日々〉

3歳になり、長女が通っていた幼稚園に事情を話し、加配の先生を一人つけていただき通園することになりました。リナに障害があることを隠しながら育てていた私にとって、社会に出るということはとても勇気のいることでしたが、主任先生の「大丈夫よ、そんなこと小さいこと」という言葉に後押しされ、その一歩を踏み出しました。

新しく始まった幼稚園での生活は、リナは自分の「思い」を伝えられないこともあり、先生に噛みついたり、両手首を「噛みだこ」ができるほど噛んだり、床に頭をガンガンと叩きつけたりしていることが多かった時期でした。当時、テレビで自閉症を採り上げることが多くなりました。テレビの特集を視聴したり、専門書を読んだりしながら、少しずつ自閉症というものを理解していきました。「TEACCH」が良いと聞けば、主人が東京まで行って講演を聞き、カードを使ったコミュニケーションを試みましたが、うまく使いこなすことはできませんでした。「水銀がいけないのでは」とテレビで話題になったときは、水銀量の検査をリナの毛髪で行い、キレート（水銀を抜く）をしてくれる自然治療所に通って水銀を抜くことも試しましたが、何も変化はありませんでした。

〈引っ越しとコロロとの出会い〉

リナが幼稚園年長の7月に主人に東京へ転勤の辞令が出ました。半年後のお正月に私と子供たちは遅れて東京に引っ越すことにし、その間に翌年度からのリナの小学校探しを始めました。また同時に、地方では受けることが難しい療育を東京で受けたいと思い、少しでも成長の可能性を引き出してくれる療育機関を探し見学しました。その中の一つがコロロでした。「発語を促す」ための発語プログラムを知り、コロロに通いたいと思いました。すべての生活がリナ中心となり、小学校は当時、自閉症に特化した学級づくりをしていた特別支援学校に決め、最後に両方通えるところに住まいを決めました。

東京に引っ越すまで車中心の生活で歩くことは少なかったので、コロロ入会後は、まず歩行を頑張りました。カードを使った学習では「やればできるんだ」と私自身が、リナの可能性にびっくりしました。どうしてよいか分からなかった日から、「こうやればよいのか」という驚きの連続でした。一方、当時のリナはおとなしく座っていることはできるものの、模倣を全くしない反応のない子でした。できることは少なくても、動き回ることはなかったので、「まあ、これくらいならいいか」と思っていた気持ちもありました。

〈成長過程における問題行動〉

コロロでは、はじめの3年間は週一回スクールに通い、小学校4年生から月一回のマキシムコースに変更しました。月一回でしたが、出された課題をやり、土日には歩行に行くという生活を続け、生活の中で困ったことは、その都度、コロロの先生と相談し、マイペースにさせない生活を心掛けてきました。

小学校3年生の頃から、身体の異常や病気も出始め、大学病院に通院することも増えました。今でも主治医に相談しながら診療も継続しています。思春期になると大変になるから困らないようにと学習を続け、自分なりにやってきたつもりでしたが、中学校2年生頃から手に負えない行動が増えてきました。

初夏の暑くなり始めた頃、服を着たまま庭園の池にスッと入って泳ぎ始めてしまいました。幸い浅い池だったので自分で戻ってきましたが、私は何が起きたのかと呆然としてしまいました。それから、時と場所を変えて三回池に飛び込んでいます。だんだんと衝動性が抑えられなくなってきて、他人のカバンのチャックに手が出てしまったり、他人のリュックのペットボトルに手が出てしまったりと問題行動が出始め

小学部の学習発表会

てきました。このころはまだ、目の前にきたら手が出てしまうという状態でしたので、周囲に目を配り、事前に「やらないよ」と伝えて我慢させることができていました。

高校生になった頃には、それまで走っていってしまうことはなかったのに、遠くにある目的物に手を振り払って衝動的に突っ走るようになり、車に轢かれそうになったこともありました。体も大きくなって力が強くなり、私の力では止めることが出来なくなっていました。今思い出しても、あの時、車がよく止まってくれたと思います。事前に「やらないよ」と伝えても、目がギラギラとして狙っていて、体を止められないという感じでした。当時、持病の新薬を服薬していたので、それが原因ではないかと思い服薬を止めましたが、あまり改善はしませんでしたので、私は二人で出かけることが恐怖でした。

〈療育の再スタート〉

このような状態でしたので、特別支援学校の高等部1年生の10月から、コロロの通室を週一回のスクールに変更し、もう一度、最初から取り組み始めました。まずは、体を止める練習です。家の中でも、鍋が置いてあれば中身を全て流し台に捨て、コップやペットボトルに中身が残っていることにこだわりがあり、すべて空にならないと納得しないという、1秒も目が離せない状態でしたので、全てを戸棚に隠すようにしました。今までは二人で歩行に行けましたが、このような状態で行けなくなっていました。リナにとって私よりも主人のほうが怖い存在でしたので、主人が率先して週末に歩行に出掛けました。

週一回スクールにして1年が経つ今、穏やかな顔つきの日が増えましたが、朝は衝動のスイッチが入り、道路沿いにあるプランターを狙ったり、いきなりお店の中に突っ込もうとしたりする時もあり、まだまだ、耐性トレーニングが足りないと感じています。今でも学習は書字を何年も続けている段階です。コロロへ通い始めたころは期待も大きく、私が頑張って学習させれば発語につながると思い、できないリナにイライラして「どうしてできないの」と怒っていましたが、今は持って生まれた能力が低かったのだから、時間がかかっても仕方ないという気持ちもでてきて、イライラも減り、やり方を私が工夫できるようになりました。

DRで、まったく模倣をせず座っているだけのリナを見てからは、毎回DRに参加し、DRの2部には私も参加して、走らないリナの背中を押しています。ようやく少し走ることができ始め、手遊びも少しできるようになりました。小さい頃から水遊びが大好きでしたので、リナにも対応してくれる障がい者の水泳教室に小学校2年生から毎週通い、クロールができるまで6年かかりましたが泳ぐことを覚えました。息継ぎもできて、今では1時間近く泳ぎ続けられます。高尾山には1年に何回も登っています。小さい頃は主人と二人でも行き、ここ何年かは年末に私と二人でも登っていますが、周囲に刺激のない登山道は絶好の「一人歩行」の練習場所です。

高尾山登山

〈療育と仕事の両立〉

私はリナが幼稚園に通い始めた時から仕事をしてきました。リナのお母さんではなく、一人の社会人として社会に出たいという思いがありました。そのため、放課後や夏休みは学童クラブに6年間通いました。低学年のころは学童クラブに迎えに行き、歩行をしてから帰り、学習をするというスタイルでしたが、高学年になってマキシムコースにした頃は、平日は学習だけをして土日に歩行をしていました。そして中学校に入学してからはタイムケアを利用し、現在もデイを使いながら仕事を続けています。他の人の助けを借り、主人の助けを得ながら社会に出ていたことで、自分らしく過ごせたと思います。コロロで言われる「いつでも、どこでも、だれとでも」は本当に重要なことだと実感しています。未だに発語のないリナですが、コロロを続ける事は、私のモチベーションを維持することに必要不可欠でした。あっという間に年月は過ぎてきましたが、これからも親子三人の療育は続きそうです。

「やるしかない」と常にお話しされるお母様。リナさんのコミュニケーション力が伸びているのは、その想いと療育の賜物だと思います。

（コロロスタッフ　小片　亜衣）

コロロ通信

東京講演会

2月4日（日）、三鷹産業プラザにて「発達に課題のある子の行動理解と社会適応のための支援方法」と題し、講演会を行ないました。一日あわせ、160名以上の方が受講されました。

午前は「からだとことばの特性の理解と支援方法」をテーマに発達障害の根本障害である、原始反射についてVTRを交え、お話しいたしました。

午後はAコース「社会適応のための家庭療育」、Bコース「社会適応のための問題行動改善方法」に分かれ、お話しいたしました。Aコースでは、お子さんが成人された現在でも療育を行なっているお母様3名をお迎えし、ご家庭での療育について熱く語っていただきました。Bコースは初参加の方が多くいらっしゃいました。最後に石井所長から「こうも違う自閉症と学識者の対照図」を通して、自閉症の言語・行動の非概念世界（S→R3秒以内、時系列で考えられない等）が改めて解説され、概念世界（学識者）につなぐコロロメソッドの意義が強調されました。

今回のように発達障害の対応法の基本に立ち返った講演会を続けて行なっていきたいと思います。

熊本療育講座

1月24日（水）、くまもと森都心プラザにて「対応の基本と実践プログラム―脳科学から学ぶ発達障害」をテーマに講演会を行ないました。96名の方が受講され、前回の講演会からの盛り上がりを強く感じました。「自分が間違っていた」「自分の支援方法を変えないと」「プログラムをもう少し詳しく知りたい」などご感想を頂き、来年度は親御さん向けの講演会も行なっていきたいと考えております。

2019年採用スタート！

2018年度の採用活動は終了いたしましたが、3月1日から2019年度の採用活動がスタートいたしました。引き続き、学生の売り手市場が続きますが、「療育がやりたい！」という想いを持った方と出会いたいと考えています。リクナビ2019にて、エントリー募集中です！

チャリティコンサート

2月24日（土）、福生市民会館にて風の夢コンサートを開催いたしました。毎年、いらしていただいたお客様だけでなく、会場にいらっしゃれなかった方からもご寄付やお祝い金をいただいております。コロログループの将来計画のためにご賛同いただき、誠にありがとうございます。

チャリティコンサートの様子は表紙裏のページにも特集しておりますので、あわせてご覧ください。

FAXでご注文ください 042-322-9496

○ 新刊のお知らせ

『発達障害児のためのことばの練習帳　副詞　―擬音語・擬態語―』

ことばの練習帳シリーズ　待望の新刊　ついに発売！(1,000円＋税)
詳細は裏表紙裏をご覧ください。

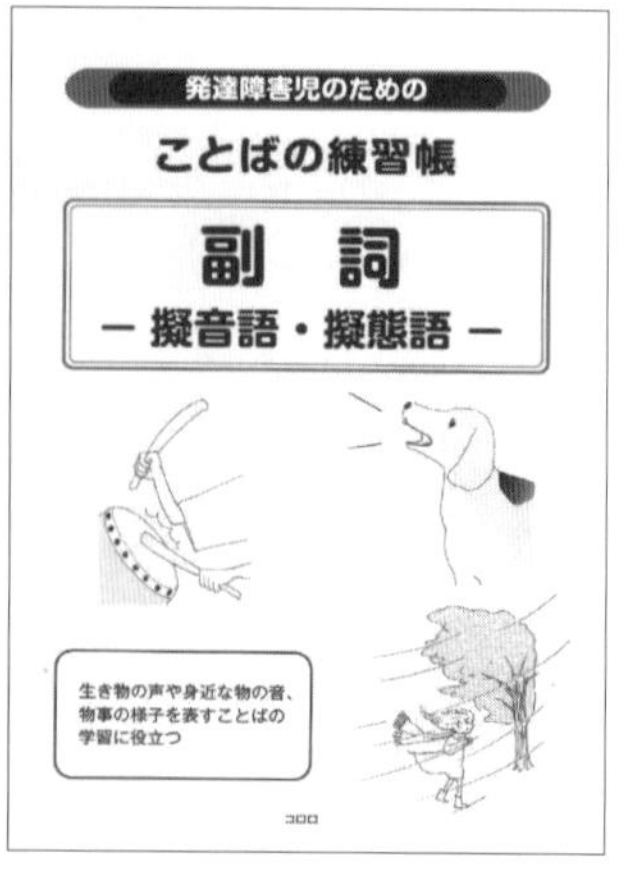

○ 好評販売中

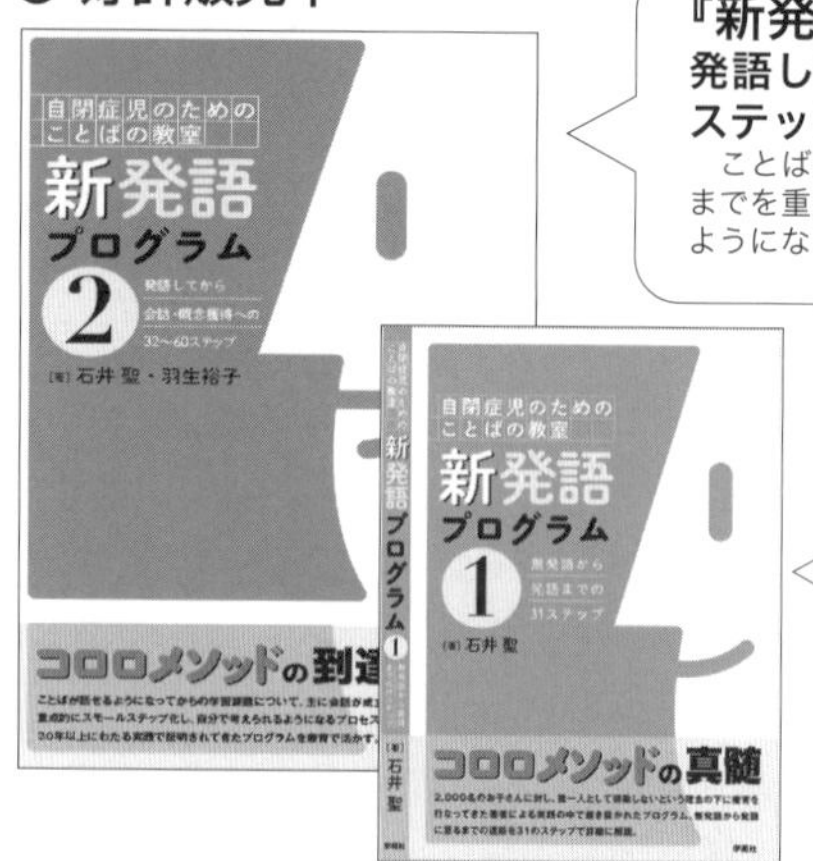

『新発語プログラム②
発語してから会話・概念獲得への32〜60ステップ(明治図書)』
ことばが話せるようになってから、主に会話が成立するまでを重点的にスモールステップ化し、自分で考えられるようになるプロセスをまとめた一冊。(2,200円＋税)

『新発語プログラム①
無発語から発語までの31ステップ(明治図書)』
ことばの問題を抱えた自閉症の子どもたちに向けて、無発語から発語に至るまでの道筋を31のステップで詳細に解説しています。(2,000円＋税)

『コロロメソッドで学ぶ
ことばを育てるワークシート
書いて身につけるコミュニケーション＆ソーシャルスキル(合同出版)』

高機能自閉症やアスペルガー症候群のある方がコミュニケーション能力や適応力を身につけていくために必要な「ことばの概念」を理解するための学習教材が見やすくなって新登場しました。(1,800円＋税)

※この問題集は「高機能・アスペルガー症候群のためのことばの学習　コミュニケーション・社会適応力の向上をめざして」の改訂版です。

○ コロロの書籍　送料別

書籍名	申込み数	単価（円）
2018年度発達プログラム（No.149〜152）　年間定期購読		3,600(送料込)
新刊 発達障害児のためのことばの練習帳　副詞 ― 擬音語・擬態語 ―		1,080
新刊 新発語プログラム②　発語してから会話・概念獲得への32〜60ステップ		2,376
新発語プログラム①　無発語から発語までの31ステップ		2,160
新刊 コロロメソッドで学ぶ　ことばを育てるワークシート 書いて身につけるコミュニケーション＆ソーシャルスキル		1,944
季節のことばカード		1,080

○ 発達プログラムバックナンバー　No,49〜96　各600円＋税／No,97〜各900円＋税　送料別

145	自立のための身体づくりすべてにつながる体幹	冊	146	今、求められる　父親の役割とは	冊	147	衝動性・攻撃性を減らすには	冊

※144号以前のバックナンバーのテーマ、および既刊のコロロ発行の書籍・ワークについては、コロロのホームページ(http://www.kololo.jp)もしくはコロロ発達療育センター事務局(042－324－8355)までお問い合わせください。

お名前	TEL
ご住所　〒 ご所属(　　　　　　　　　)	FAX

…ご記入頂いた用紙はFAX(042－322－9496)までお送りください。

問8　絵を見て答えましょう。

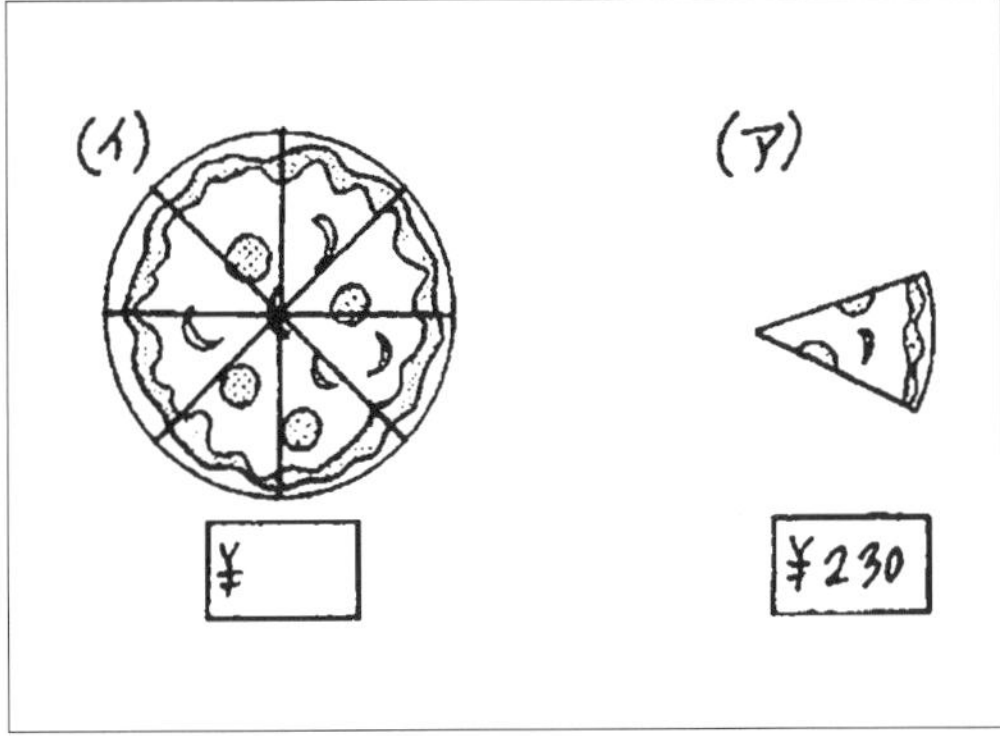

①（ア）と（イ）では、どちらが高いですか。
（　　　　　　　　　　）

②（ア）のピザを２まい買うといくらになりますか。
（　　　　　　　　　　）

③（イ）のピザはいくらになりますか。
（　　　　　　　　　　）

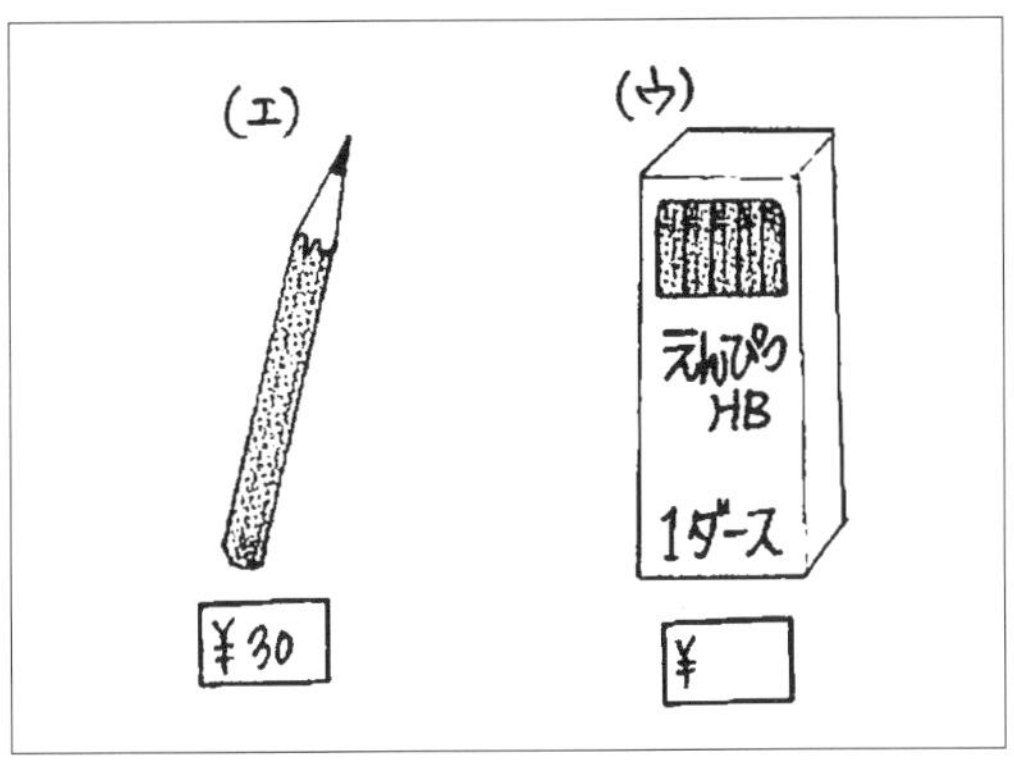

④ 100円もっています。
（エ）はいくつ買えますか。
おつりはいくらですか。

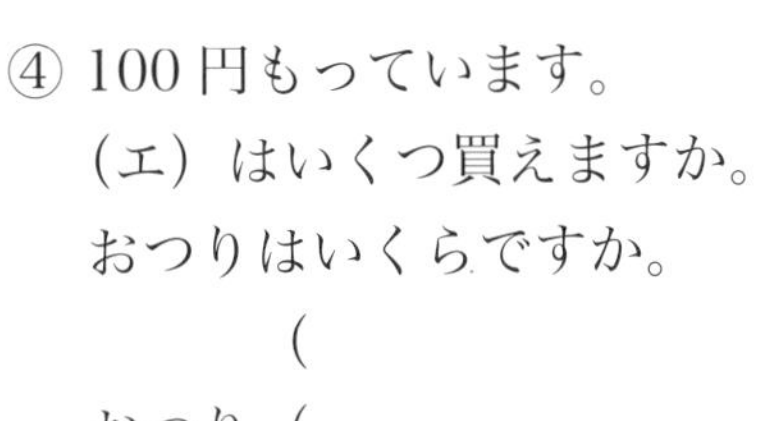

（　　　　　　　　　　）
おつり（　　　　　　　　　　）

⑤ １ダースは何本ですか。
（　　　　　　　　　　）

⑥ １ダースいくらになりますか。
（　　　　　　　　　　）

(オ)
350円
(カ)
1本190円

⑦（オ）はどのお金をつかいますか。
（　　　　　　　　　　）
おつりはいくらですか。
おつり（　　　　　　　　　　）

⑧（カ）はどのお金をつかいますか。
（　　　　　　　　　　）
おつりはいくらですか。
おつり（　　　　　　　　　　）

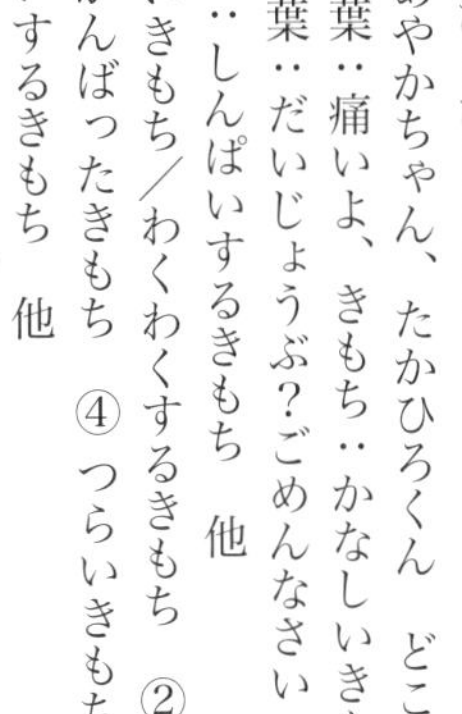

解答

問1　こいのぼり

問2　いもむし、たんぽぽ、かしわもち、てんとうむし

問3　かぶとをかぶる、花をあげる、つくしをとる

問4　右：おひなさま　左：おだいりさま
3月3日、ももの花、さくらもち／ひしもち、しろざけ

問5　ちょうちょがひらひらとぶ、おたまじゃくしがすいすいおよぐ、桜の花びらがひらひらとまう

問6　①だれ：あやかちゃん、たかひろくん　どこ：公園
②「ア」言葉：痛いよ、きもち：かなしいきもち
「イ」言葉：だいじょうぶ？ごめんなさい
きもち：しんぱいするきもち　他

問7　①かなしいきもち／わくわくするきもち　②うれしいきもち
③とてもがんばったきもち　④つらいきもち
⑤しんぱいするきもち　他

問8　①（イ）②460円　③1840円
④3本　おつり：10円　⑤12本　⑥360円　⑦500円
おつり：150円　⑧1000円、おつり：430円

問6　文しょうをよんで答えましょう。

> ぼくは、あやかちゃんとたかひろくんと一緒に、公園にピクニックに行きました。
> 公園でサッカーをして遊んでいたら、たかひろくんがけったボールがあやかちゃんの頭に当たりました。
> あやかちゃんは「　ア　」と言いました。たかひろくんは「　イ　」と言いました。
> 遊んだあとに桜の木の下でお弁当を食べました。

① ぼくはだれとどこにピクニックに行きましたか。

だれ（　　　）（　　　）

どこ（　　　）

② 「ア」「イ」にあてはまる言葉と、どんなきもちか書きましょう。

	言葉	きもち
「ア」	（　　　）	（　　　）
「イ」	（　　　）	（　　　）

③ たかひろくんのお弁当には
おにぎり2こ、
タコウィンナー3こ、
からあげ2こ、
いちご2こが入っています。
お弁当の絵をかきましょう。

⑤ 桜を見ながらお弁当やおだんごを食べることを何といいますか。

（　　　）

問7　自分のきもちを書きましょう。

① 新学期になって、クラス替えがありお友だちと先生がかわりました。どんなきもちですか。

（　　　）

② 卒業式で校長先生から卒業証書をもらいました。どんなきもちですか。

（　　　）

③ お父さんと富士山に登りました。どんなきもちですか。

（　　　）

④ 花粉症で目がかゆくてくしゃみがでそうです。どんなきもちですか。

（　　　）

⑤ お友だちがかぜをひきました。どんなきもちですか。

（　　　）

問4　しつもんに答えましょう。

名前を書きましょう。

(　　　　　　)　(　　　　　　)

いつかざりますか。

(　　　　　　　　　　)

この日にかざる花は何ですか。

(　　　　　　　　　　)

この日に食べるおもちは何ですか。

(　　　　　　　　　　)

この日にのむ、おさけは何ですか。

(　　　　　　　　　　)

問5　(　)にあてはまる言葉を□の言葉を使って書きましょう。同じ言葉を何回使ってもよいこととします。

(うぐいすがホーホケキョとなく)

(　　　　)

(　　　　)

(　　　　)

にょきにょき　つるつる　ひらひら　すいすい
こけこっこー　ゆらゆら　ぼたぼた　するする

◆教材集◆
季節のもんだい

作　五乃神学園

今号のテーマは「春」です。お子様の学習段階に合わせてご活用ください。

★すうじをせんでつなぎましょう。

★何ができるかな？

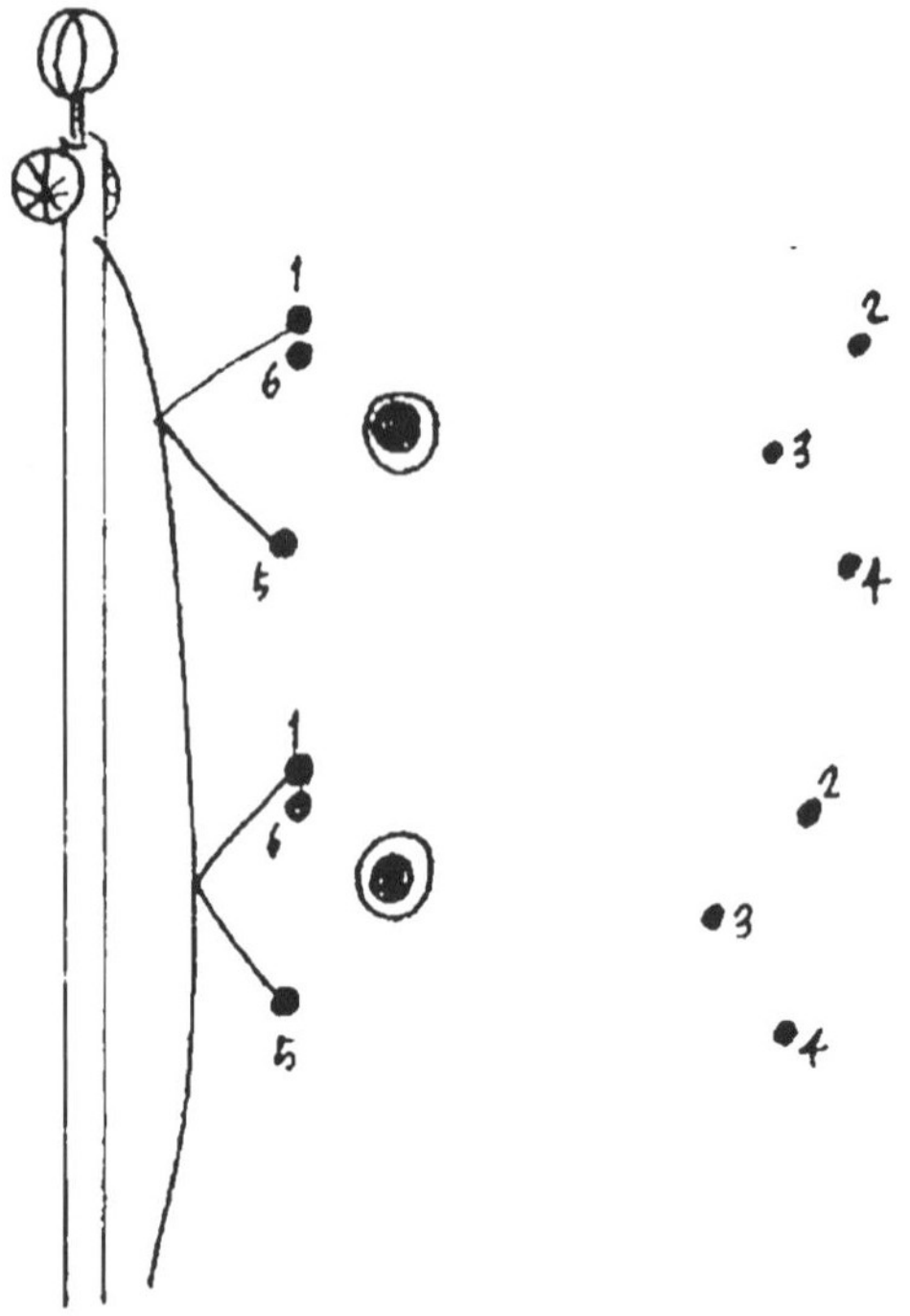

問１　何ができましたか。(　　　　　　　　　　　)

問２　これは何ですか。

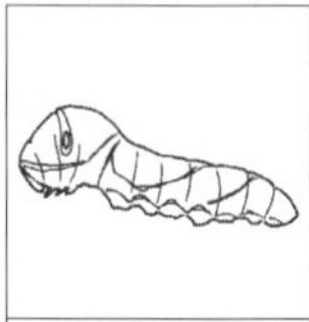

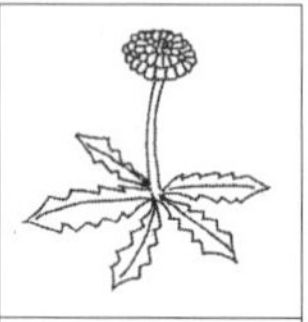

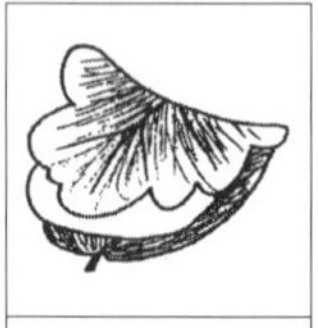

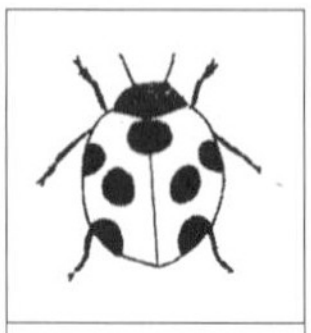

問３　何をしていますか。

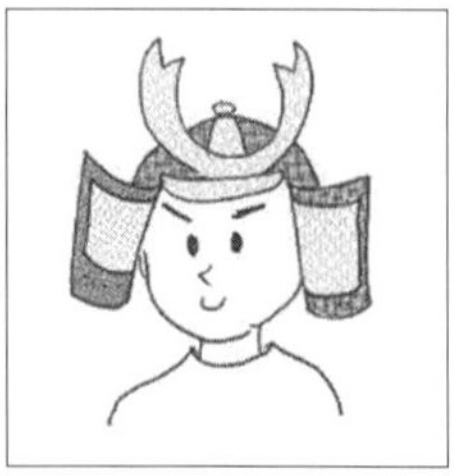